춤추는 목회

적대적이고 해를 입히는
세상에서의 목회

윌리엄 이섬 지음 | 안승철 옮김

kmc

Dancing with Dinosaurs

Ministry in a Hostile and Hurting World

by Willam Easum

Dancing with Dinosaurs

Ministry in a Hostile and Hurting World

Willam Easum

한때 성공적이었던 사역이
더 이상 성과를 내지 못하는 이유에 대하여
궁금하게 여기는 많은 신실한 기독교인에게

| 차례 |

출발선에서

"동기가 없는 사람은 통찰력도 없다."

에드윈 H. 프리드먼(Edwin H. Friedman)

나는 "돈키호테"(*The Man of La Mancha*)라는 뮤지컬을 좋아합니다. 이 극의 주인공 돈키호테(Don Quixote)와 산초판자(Sancho Panza)는 목회 기간 내내 나의 생각을 사로잡았습니다. 왜냐하면 이 두 사람은 개혁을 위한 개신교의 투쟁에 참여하는 사람들의 모습과 비슷하기 때문입니다. 돈키호테는 공상가입니다. 그는 바람에 돌아가는 풍차를 적으로 여겨 돌진하고, 이루어질 수 없는 사람을 사랑하며, 용감한 사람들조차도 가기를 꺼리는 장소로 담대하게 나아가는 사람입니다. 산초판자는 돈키호테를 따르는 충직한 하인입니다. 그러나 상상력이 메마른 사람이어서 꿈을 위해 도전하지는 못합니다. 그가 극의 마지막까지 살아남긴 합니다.

나는 오늘날 많은 개신교 지도자의 모습 속에서 산초판자의 모습을 발견합니다. 그들은 분명히 충직한 사람들입니다. 그들은 교단의 위대한 유산을 지켜나가기 위해 최선을 다합니다. 그러나 결코 그들은 불가능하게 보이는 꿈을 향해서는 전진하려는 생각조차 하지 않고, 미래를 위한 위험을 감수하지도 않습니다.

반면에 돈키호테의 정신을 가진 개신교 지도자가 많다는 것도 발견하였습니다. 그들은 자신이 처한 현실적 상황에서는 불가능하게 보이는 교단과 교회의 성장과 부흥을 꿈꾸고 이를 이루기 위해 열심을 냅니다. 그들은 단순한 '생존' 이상의 것을 열망합니다. 불가능하게 보이는 꿈을 향해 전력으로 나아가는 사람들입니다. 그들이 풍차에 가까이 갈수록 풍차에서 불어오는 바람은 더욱 거세지지만 어떠한 풍차를 향해서도 기꺼이 돌진하는 사람들입니다.

누가 이길지 궁금합니다. 나 역시 지금까지 여러 번 불가능한 꿈을 좇아보았습니다. 그런데 그중 몇 가지는 이미 이루어졌기 때문에 나는 돈키호테가 이길 것임을 믿습니다.

여러분, 이제 새로운 꿈의 야구 모자를 쓰고 나와 함께 오래된 문제의 한가운데에서 새로운 가능성을 열도록 해주는 새 시대의 패러다임을 찾아 떠납시다. 책을 읽는 동안 꿈을 꾸십시오. 그리고 성령님께 이 여행의 안내자가 되어 달라고 간구하십시오. 무엇보다도 당신의 오래된 종교적 중절모일랑 집에 벗어두고 영원한 꿈을 성취할 새로운 길을 하나님께 간구하십시오.

텍사스 주 포트 아란사스에서
빌 이섬

9

1

터질 듯한 술 부대,
우적우적 먹는 양떼

하나님께서는 우리가 새롭게 변화하고 있는 세상에 복음을 전할 수 있는 새로운 방법을 찾아
내기 원하신다. 과거 산업사회의 사역 방식으로는 정보사회의 영적인 필요를 채울 수 없다.
우리는 새 포도주 부대가 되기 위하여 새 시대의 언어를 배워야 하고 새롭게 나타나는 인간
행동 양식을 이해해야 하며 현대 문화 속에 시대를 초월하는 하나님의 복음을 전할 수 있는
새로운 방법을 찾아야 한다.

"원하건대 주는 우리와 동행하옵소서 이는 목이 뻣뻣한 백성이니이다
우리의 악과 죄를 사하시고"

(출 34:9)

"대답하여 이르시되 너희는 어찌하여 너희의 전통으로 하나님의 계명을 범하느냐"

(마 15:3)

"새 포도주를 낡은 가죽 부대에 넣지 아니 하나니"

(마 9:17)

원래의 사실이 너무 강렬해서 직접적으로 말하기 어려울 때 비유를
사용한다.

한 마을에 그 일대에서 가장 좋은 포도주 양조장을 소유한 여인이
있었다. 그곳은 양조장이 되기 위한 최상의 조건을 갖추었다. 비옥한 땅
에서 최상품의 포도가 생산되었고, 으깨진 포도는 커다란 목재 통에 담
겨서 세상에서 가장 훌륭한 포도주로 숙성되었다. 두 세기가 넘는 기간
동안 각국의 사람들이 그 포도주를 마시기 위해 양조장을 방문했다.
그런데 어느 날부터인가 그 포도주의 맛이 쓰게 변했다. 아무도 그
이유를 설명할 수 없었다. 포도주는 두 세기가 넘도록 아무것도 바뀌지
않고 같은 방식으로 생산되고 있었지만, 양조장을 찾는 사람이 줄어들
고 구매 고객도 줄어들기 시작했다. 절망한 주인은 포도주의 맛이 변한
이유를 찾기 위해 세계 도처에서 전문가를 불러왔다. 며칠간의 조사 끝
에 각 전문가들은 동일한 결론을 내렸다. 전문가들은 으깬 포도를 숙성
하는 목재 통이 너무 오래되었다고 지적했다. 통이 청소나 수리로는 회
복될 수 없을 정도로 낡았기 때문에 이를 교체하는 것만이 유일한 방안
이라고 말했다.
그녀는 격분했다. 그 아름다운 목재 통은 그녀가 태어나기 전부터 그
녀의 가문과 함께했기 때문이다. 그녀에게는 가족의 전통이 양조장의
쇠락보다 훨씬 중요했다. 그녀는 포도주를 향상시키기 위해 필사적으
로 노력했다. 비료를 바꾸고 땅의 산성도도 바꾸고 포장도 바꾸고 포도
원 지기도 바꾸어보았다. 그러나 그녀는 여전히 오래된 통에 포도주를

숙성시켰다. 그 결과 세상에서 가장 맛있는 포도가 쓴 포도주를 생산하게 되었다.

양조장을 찾는 사람들이 조금씩 줄어들더니 마침내 그 포도주 맛을 보려 하거나 사려는 사람이 아무도 없게 되었다. 남은 고객이라고는 질 좋은 포도주보다 가문의 전통을 중요하게 여기는 자신의 가족이 전부였다.

양조장 주인은 포도주가 왜 쓴 맛을 내는지 알고 있었다. 그녀는 포도주의 옛 명성을 되찾는 데 필요한 모든 지식을 지니고 있었다. 그러나 그녀에게는 그 지식을 활용하여 포도주 맛을 회복하는 데 필요한 변화를 감당할 용기가 없었다. 유서 깊은 가문의 전통을 따른다는 일념 하에 수명을 다한 목재 통을 그대로 사용한 결과, 세계적으로 유명했던 포도주 양조장은 황폐해졌고 전통에 충실한 그녀의 몇몇 가족만이 그 포도주를 마시게 되었다.

예수님께서는 "새 포도주를 낡은 가죽 부대에 넣지 아니하나니 그렇게 하면 부대가 터져 포도주도 쏟아지고 부대도 버리게 됨이라 새 포도주는 새 부대에 넣어야 둘이 다 보전되느니라"(마 9:17)고 말씀하신다. 술부대는 교회를 의미한다. 두 세기 동안 북미의 교회는 광활한 북미 대륙을 빠르고 효과적으로 관통하며 복음을 전파하여 대륙 곳곳에 하나님의 은혜가 미치도록 하였다. 그런데 오늘날의 교회는 비기독교적이며 사람들에게 상처를 주는 세상에 대해 영향력을 발휘하지 못함으로써 신선한 포도주를 제공하지 못하고 있는 것이 사실이다.

앞선 양조장 주인의 비유는 과거만을 돌아보면서 자신의 주변에서 일어나고 있는 변화의 징표를 무시하는 교회를 향한 경고의 말씀이다. 하나님께서는 우리가 새롭게 변화하고 있는 세상에 복음을 전할 수 있는 새로운 방법을 찾아내기 원하신다. 오늘날 교회는 영적으로 메말라가는 세상의 갈증을 풀어주지 못한다. 시류를 읽지 못하는 교회는 현 세상에서 도태된다. 과거에는 혁신적이었고 큰 영향력을 발휘했던 전통 사역들이 더 이상 효과를 발하지 못하는 것이다. 과거 산업사회의 사역 방식으로는 정보사회의 영적인 필요를 채울 수 없다. 전차시대의 언어로는 컴퓨터시대의 진리를 표현할 수 없는 것과 마찬가지다. 이제 우리는 새 부대를 필요로 하는 때를 맞이하였다.

우리는 새 포도주 부대가 되기 위하여 새 시대의 언어를 배워야 하고 새롭게 나타나는 인간 행동 양식을 이해해야 하며 현대 문화 속에 시대를 초월하는 하나님의 복음을 전할 수 있는 새로운 방법을 찾아야 한다. 또한 이것은 '기독교인'의 길을 벗어나지 않는 선에서 이루어져야 한다. 에큐메니즘(ecumenism) 같은 포괄성을 추구할 때에도 마찬가지다.

**새로운
패러다임**
이 책은 기독교에 무관심하고 적대적인 시대에 적합한 사역의 새로운 패러다임을 제시한다.[1] 패러다임이란 일종의 가정(假定, assumption), 믿음, 사상, 가치, 기대 같은 것을 말한다. 이것은 필터와 같다. 우리는 이 필터를 통해 삶의 의미를 찾고, 체계와 순서를 만들며, 정보를 분석하고, 가치판단을 내린다. 이 필터는 우리가 현실을 바라보는 규칙과 규율이 된다.

우리는 패러다임의 영역 안에서 정보를 처리하고, 패러다임을 따라 문제를 해결한다. 어떤 새로운 사상이 등장했을 때에도 패러다임에 따라 그것을 받아들일 것인지 거부할 것인지를 결정한다. 때로는 패러다임으로 인해 정보를 새로운 방식으로 보지 못하기도 한다. 오늘날의 상황을 이해하고 미래를 만들어가기 위해서는 우리의 패러다임이 바뀌어야 한다.

이 책에서는 생각의 필터를 형성하는 12가지의 가정을 제시한다. 이것이 현실을 바라보는 유일한 필터라고 말하는 것은 결코 아니다. 나중에 살펴보겠지만, 다음의 가정은 오늘날 영향력 있는 많은 목사님들이 현실을 개혁하는 데 사용하는 필터를 형성한다.

1. 북미는 새로운 선교의 장이다.
2. 21세기 사회는 점점 더 기독교에 적대적이게 될 것이다.
3. 21세기에는 성직자와 평신도의 구분이 사라질 것이다.
4. 지금껏 해온 방식만을 발전시키는 교회는 문을 닫게 될 것이다.
5. 어제의 성공을 발전시키려는 것이 오늘의 실패를 가져오는 최고의 방법이다.
6. 대부분의 북미 교단이 쇠락한 주원인은 관료제도와 전통적인 방식에 있다.
7. 2001년이 되기 전에 철저하게 변화하는 전통 교회가 21세기에도 번성할 것이다.

8. 하나님은 실존하시며 모든 것을 창조하신다.

9. 예수 그리스도는 모든 인간 삶의 핵심이다.

10. 성경은 신앙과 실천의 근본이다.

11. 그리스도의 몸의 목적은 세상을 예수 그리스도 안의 신앙으로 이끄는 것이다.

12. 세계의 환경 문제와 경제난을 피할 방법을 발견할 것이다.

위의 12가지 가정이 당신의 여과장치를 구성한다면, 당신의 사역 유형이나 과제에는 어떤 변화가 필요하다고 생각하는가? 잠시 동안 지금껏 사역을 해온 개인적 가정과 전통 방식을 멈추고 새로운 패러다임을 객관적으로 살펴보라. 나는 복음의 본질이 변화되어야 한다고 주장하는 것이 아니다. 단지 복음의 본질을 포장하고 나타내는 방법을 철저하게 변화시킬 필요가 있다고 제안한다. 이것저것 몇 가지를 짜 맞추는 것은 도움이 되지 않는다. 우리가 일을 더 잘하려고 하면서도 오래된 포도주 통에 그대로 거한다면, 계속 적응하지 못할 것이고, 결국 멸종할 것이다.

공룡과 춤을 교인의 수가 답보상태이거나 감소하는 회중 교회는 공룡과 많은 공통점이 있다. 둘 다 오래되었다. 둘 다 많은 식량을 필요로 한다. 둘 다 자신의 세계에 많은 영향력을 끼쳤다. 또한 둘 다 위기에 처했다. 그렇다면 공룡이 멸종한 것처럼 회중 교회도 사라질 것인가?

공룡이 왜 멸종되었는지 과학적으로 명확하게 아는 사람은 아무도 없지만 이 추론은 매우 도움이 될 것이다. 다음 그림의 공룡을 주시하라. 나무들이 전에는 그림보다 훨씬 무성했을 것이다. 시간이 갈수록 나무의 성장 속도는 공룡의 엄청난 식욕을 감당하지 못했을 것이다.

공룡이 목을 살짝 구부리기만 하면 먹을 수 있는 초목이 아직 무성하다. 하지만 그들은 목이 너무 뻣뻣하여 구부릴 수 없었거나, 시력이 좋지 않아 아래의 초목을 볼 수 없었던 것 같다. 공룡이 멸종한 것은 자기 주변의 상황을 볼 의지가 없었거나 볼 능력이 없었기 때문이라 짐작된다.

오늘날 많은 회중 교회도 이와 같은 문제에 직면했다. 교회도 공룡처럼 식욕이 왕성하여 많은 시간과 에너지와 돈을 식량을 찾는 데 사용한 나머지 비기독교인에게 나누어 줄 것이 별로 남아 있지 않다. 세계는 급격하게 변하는데 그들은 식량을 찾던 기존의 장소에서 벗어날 생각을 하지 않는다. 그들은 자만한 마음과 근시안적 사고 때문에 사역 방법을 바꾸지 않는다. 식량이 바닥나고 있다. 세계의 문화와 인종이 점차 다양화되고 비기독교화되기 때문에 중상위층 백인 중심의 성공회 교회가 쇠락하고 있다.

비기독교적이며 타인에게 해를 끼치는 사람들이 도처에 있다. 현재 미국의 인구는 개신교가 절정에 달했던 1964년보다 훨씬 많아졌다. 식량은 모든 곳에 있다. 그러나 많은 교회는 자신들이 이해할 수 있는 방법으로 지금껏 수행해 온 방법과 구조를 변화시키려 하지 않는다. 공룡처럼 그들의 목이 너무 뻣뻣하거나, 그들의 눈이 너무 근시안이기 때문이다.

분명한 것은, 하나님께서는 교회의 생존 여부에 관심을 기울이지는 않으시더라도 교회가 사람들의 영적 필요를 충족시키기를 열렬히 바라신다는 사실이다. 교회는 자신의 뻣뻣한 목이나 근시안을 바로잡아야 한다. 그렇게 하지 않으면, 공룡의 뒤를 밟게 될 것이다.

이 책은 성직자와 평신도가 전통을 개혁함으로써 죽어가던 회중 교회가 공룡과 함께 춤출 것을 제안한다. 쉽지 않겠지만, 우리는 옛 메시지를 담을 수 있는 새로운 방법을 발견해야만 한다. 소멸해가는 교회를 구해내려면 급격하게 변화되는 세상에서 사역하는 방법을 배워야만 한다.

비전

새 생명은 우리를 거쳐

다른 사람에게 전해진다

[그리스도의] 새 생명은 우리를 거쳐 다른 사람에게 전해진다. 다시 말해 우리에게 찾아온 새 생명을 다른 사람에게 넘겨줄 때에는 성장하고

발전할 수 있지만, 손 안에 움켜쥔 채 다른 사람에게 나누어주지 않으면 우리는 곧 시들어 죽게 될 것이다. 이것이 복음의 핵심이다. 우리는 교회라는 공룡에게 음악에 맞춰 춤추는 방법을 가르쳐야 한다.[2]

　문화적으로 적합한 그리스도 중심의 회중 교회는, 일반 사람들이 이해할 수 있고 반응할 수 있는 언어로 그리스도를 전하도록 기획되고 조직되어 있다. 이런 회중 교회는 그리스도의 새 생명을 전달하기 위해 문화적 도구와 수단을 활용한다. 대부분의 교회가 선교 목표를 달성하려면 오늘날 그들이 행하는 대부분의 사역을 중단하거나 바꾸어야 할 것이다. 이 때문에 많은 회중 교회가 미래 사회에 효과적으로 바뀌지 못한다.

　왜 어떤 교회는 새 생명을 자기의 손에 움켜쥐고 멈추어 섰는가? 왜 많은 교회가 그리스도와 세상보다는 자신에게 집중하는가? 어떻게 사람들은 예배에 참여하고 교회 시설을 관리하는 것만으로 만족하는가? "그러므로 너희는 가서 모든 민족을 제자로 삼아……."(마 28:19)라고 하신 우리 주님의 기본 명령에서 우리가 이렇게 멀어진 이유는 무엇인가?

우적우적 먹는 양 이론

내가 첫 목회를 한 곳은 양이 많은 지역이었다. 그곳에서 양에 관한 많은 것을 배울 수 있었다. 양은 풀을 뜯는 일에 몰입하는 경향이 있어서 자신들이 어디로 가고 있는지도 모르는 채 몇 시간이라도 우적거리며 먹기만 한다. 양이 자신의 목초지에서 먹는 한은 아무 문제도 없다. 그러나 목장의 문이 열려 있으면 풀 뜯기에 정신이 팔려 근방의 고속도로까지 가게 된다. 거기에서 양들은 '무엇이' '왜' 자신을 쳤는지도 모르는 채 지나가는 차에 치이곤 한다.

우리 중 많은 사람도 천천히 우적거리며 먹다 보니 자신의 근거지로부터 너무 멀어져서, 우리의 본 모습에서 얼마나 멀리 왔는지 알지 못한다. 우리의 의도가 잘못 되었다거나 우리의 결정이 신실하지 못해서 지금처럼 쇠락한 것은 아니다. 우리의 의도는 선하고, 우리는 늘 신실하고자 노력한다. 우리는 그저 현재의 모습을 통해 우리가 늘 그래왔다고 깨달을 뿐이다.

우리가 할 일은, 전통적인 기독교의 근원을 현재에 행하고 있는 전통적 행위와 구별하는 것이다. 우리는 잃어버린 영적 유산을 재발견하고 회복해야 한다. 21세기는 우리에게 생소하겠지만, 영적인 선조들에게는 전혀 그렇지 않을 것이다. 그들은 현재 우리가 처한 것과 매우 유사한 문화적 위기 속에서 기독교 공동체를 발전시켰다. 그것은 하나님의 은혜로 가능했다. 그렇다면 우리도 할 수 있다.

변명　　　기독교인은 예수 그리스도의 생애와 죽음, 부활의 증인이 되도록 위임받았다. 예수 그리스도의 교회는 '세상 밖으로 부르심'을 받았다. 이것은 세상에 돌아가 [그리스도의] 새 생명을 나누어줄 준비를 하기 위해서다. 우리 주님이 남겨주신 모든 명령은 이 사명에 집중되어 있다. 어떤 회중 교회도 예외가 아니다. 교회의 사명은 교인 복지가 아니다. 모든 교회의 사명은 교회의 규모와 상관없이 동일하다. 교회의 목적은, 예수 그리스도를 통한 하나님의 믿음으로 세상을 이기는 것이다. 목사의 목적은 그리스도의 몸을 세우도록 사람들을 훈련하는 것이다. 평신도의 목적은 하나님께서 주신 새 생명을 타인에게 전하는 것이다. 교회의 규모가 어떠하건 단순히 '교회를 운영하는 것'이 목표가 되어서는 안 된다.

이에 대해 다음과 같은 여러 전형적인 반대의견이 있다. "내가 담임하는 교회는 교회의 위치 때문에 성장하지 못한다.", "내 생각에는 작은 교회가 큰 교회보다 낫다.", "하나님은 나를 전도자로 부르시지 않았다. 상담이 나의 역할이다.", "나는 교인의 수보다는 질이 훨씬 중요하다고 생각한다.", "내가 담임하는 교회의 교인은 수도 적고 나이도 많다. 내가 할 수 있는 것은 교인을 사랑하는 일뿐이다.", "나는 교인 수를 늘리자고 복음을 팔아먹지 않을 것이다."

이 모든 반응은 예수 그리스도의 교회를 향해 하나님이 주신 우선적인 소명-세상을 제자로 삼는 일-에 대한 응답을 피하는 변명일 뿐이다.

위치 때문에 성장할 수 없는 교회는 ① 새로운 지역으로 이사 갈 수 있고 ② 모든 시설을 팔고 두세 교회와 연합하여 새 이름의 교회를 시작할 수 있으며 ③ 본 교회의 위치를 지키면서, 교회가 성장할 수 있는 다른 지역에 새로운 교회가 설립되는 것을 도울 수 있다.

작은 교회로 남아 있기를 원하는 교회는 ① 인구가 늘어나는 지역에 새 교회가 개척되도록 교인을 파송하여 파송된 신자를 대체할 새신자를 모으게 할 수 있고 ② 인구가 감소하는 지역이라면 기존의 신자들을 파송하기보다는 개척 교회에 재정적 도움과 전문지식을 제공할 수 있다.

노인으로 구성된 작은 교회는 ① 요양원들을 방문할 수 있고 ② 성장하는 지역의 다른 교회를 위해 각자의 가정에서 할 수 있는 일을 하여 ③ 다른 교회의 재정을 도울 수 있다.

가장 뛰어난 자질이 상담인 목사는 교인들이 타인을 도울 만한 능력을 개발하도록 상담할 수 있을 것이다.[3]

양과 질을 따지는 사람은 사도행전을 읽어볼 필요가 있다. 성경은 질과 양을 대립적인 개념으로 보지 않는다.

교회의 성장을 위해 복음을 팔지 않겠다는 사람들은 나의 책을 주의 깊게 읽어볼 필요가 있다. '참된 그리스도의 몸은 성장한다'는 것이 나의 결론이기 때문이다. 기독교의 성장을 위해 인격이 희생되어야 한다는 성경구절은 어디에도 없다.

교회의 크기는 문제가 되지 않는다. 타인을 위할 줄 아는 강하고 작은 교회도 필요하고, 타인을 위할 줄 아는 강하고 큰 교회도 필요하다. 교회의 규모가 어떻든지 우리의 역할은 문화적으로도 적합한 그리스도 중심의 사람이 되는 것이다. 속한 교회의 교인 수가 적거나 교인의 평균 연령대가 높다고 해서 우리에게 풍성한 생명을 주기 위해 예수님께서 오셨다는 복음을 타인에게 전하지 못할 이유가 없다. 처한 상황이 어떠하든지 새 생명을 전달할 방법을 찾는 것은 지도자에게 달려 있다.

중요한 용어 첫째, 교회(church), 회중 교회(congregation), 공동체 교회(community, communities), 전통(tradition)은 특별한 의미로 쓰인다. 교회는 일반적으로 쇠락하는, "[비기독교인에게] 다가갈 수 없는" 교회를 지칭하는 말로 사용된다. 이것은 긍정적으로 사용되지 않는다. 회중 교회는 긍정적이지도 부정적이지도 않은 중립적인 용어다. 공동체 교회는 건강하게 성장하는 현재나 미래의 회중 교회를 말하는 긍정적인 용어다. 전통이라는 단어는 항상 부정적으로 사용된다. 전통과 유산(heritage)이 혼동되면 안 된다. 유산은 십계명에 비교될 수 있는 것이지만, 전통은 많은 양의 율법과 규정, 그리고 후대에 더해진 해석까지 포함한다.

다음으로, 이 책의 끝에 있는 주석을 참고하라. 지역 교회에서 사용할 수 있는 유익한 정보를 얻을 수 있을 것이다. 주석은 책을 읽는 동안 사고의 흐름을 방해하지 않도록 미주로 처리하였다. 이 책의 어느 부분에 공감이 된다면 보다 많은 정보를 얻기 위해 주석을 참고하라.

마지막으로, 이 책의 어느 부분이 당신의 마음을 불편하게 한다 해도 화를 내거나 독서를 멈추기 전에 자신에게 다음과 같은 질문을 던져보라. 내가 읽은 부분이 걸림돌이 되는 것은 그것이 나의 기본적인 신학적 토대나 성서적 토대를 공격하기 때문인가? 아니면 그것이 나의 개인적인 가정이나 고정관념(sacred cows) 혹은 전통에 도전이 되기 때문인가? 차이를 아는 것은 쉽지 않지만 이러한 구분이 우리 시대의 주요한 의제다.

2

역사의 틈새 시대에

패러다임의 변화는 오늘의 목회 내용을 형성하고, 미래의 사역을 위한 기회의 창을 열어준다. 이러한 변화를 기반으로 하여 나타난 새로운 형태의 사역이 다가오는 시대의 사역이 될 것이다. 변화 속을 뛰어다니며 자신을 변화시킬 줄 아는 열린 교회는 새로운 사역을 개발할 것이고, 인간의 영육을 결합한 효과적인 목회 구조를 만들 것이다.

"현재를 다루기 위해서는 미래를 보아야 한다."

페이스 팝콘(Faith Popcorn)

"행성은 산산이 부서진 그 순간 다시 합친다."

벤자민 바버(Benjamin R. Barber)[1]

역사의 틈새

북미는 과거에서 미래로 넘어가는 틈새에 끼어 있다. 1960년에 시작된 이 틈새의 시기는 2014년경 끝날 것으로 전망된다. 수 세기 동안 신뢰받았던 가치들이 틈새 속으로 추락하고 다시 나타나지 못할 것이다. 한때 효력을 발휘했던 사상과 방법론으로는 더 이상 기대하는 만큼의 성과를 얻지 못한다. 역사 속에 있는 이 틈새는 너무 커서 삶의 전 영역에 이르는 변화를 만들어낸다. 1990년대는 '역사의 중심점' 혹은 '한 시대와 또 다른 시대 사이의 경험, 즉 조직된 구조가 붕괴되고 다른 구조가 형성되는 사이의 영역'[2]이라고 일컬어진다. 나는 1990년대를 '역사의 틈새'(a crack in history)라고 부른다.

현재 역사의 틈새를 통과하면서 열여섯 가지 정도의 패러다임이 바뀌고 있다. 이 변화는 일시적 유행이 아니라 전 세계적으로 정치 · 경제 · 사회에 걸친 중요한 변화다. 이러한 변화는 서로 연관되어 있어 서로에게 커다란 영향을 끼친다.[3] 이러한 변화가 현실(reality)에 대한 우리의 인

식을 재형성한다. 어제의 성공을 기반으로 성장하려는 것은 오늘의 실패를 가져오는 지름길이다.[4]

패러다임 변화는 새롭게 다가오고 있는 시대에 그리스도의 새 생명을 전하려는 지도자들 사이에서 중요한 토론의 주제로 떠오르고 있다. 패러다임 변화는 한때 우리의 삶에 의미와 본질이었던 기본적 가치에 대한 도전이다. 이것은 새로운 목회를 발전시키고 영원한 복음을 전할 수 있는 도약대이기도 하다. 패러다임 변화는 우리가 그 틈새를 살펴볼 수 있는 기회를 제공하고, 오래되어 친숙해진 것을 새로운 시각으로 볼 기회가 되고, 열방을 제자로 삼으라는 성스러운 명령을 달성하기 위한 새로운 방법을 찾아낼 수 있는 기회를 제공한다.

다음은 패러다임의 변화에 대한 도표다. 미래를 예측한다고 미래가 되는 것이 아니다. 행동이 미래를 형성한다는 것을 깨달아야 한다. 패러다임은 미래를 형성하는 행동의 토대를 형성하는 가정이 된다. 종교 공동체가 변화에 어떻게 반응하는가에 따라 미래가 결정되고 새 시대의 인간 수준이 결정될 것이다.

패러다임의 변화

과거 시대	역사의 틈새	변화	다가오는 시대
성직자 중심 사회	비성직자 중심 사회	평신도가 사제보다 우세	?
기독교적 시대	비기독교적 시대	적대감	?
발견의 시대	구분의 시대	진리	?
근대 시대	탈근대 시대	기술	?
공동체 위주의 시대	개인 위주의 시대	파편화	?
조직 위주의 시대	비조직적 시대	관계 위주	?
관료적 시대	기업가적 시대	위험 감수	?
중산층 중심	중산층 몰락	방향 재조정	?
국가 중심	환태평양 중심	세계화	?
이웃 중심	지역 중심	확대	?
인쇄물 의존	시력과 청력 의존	시각적	?
권력 집중 시대	권력 분산 시대	체계화	?
산업사회	정보사회	지식 처리 과정	?
백인 위주의 시대	인종 위주의 시대	다민족	?
남성 중심 사회	여성 중심 사회	양성	?
의무 따름	긍휼의 마음	의미 탐색	?

이러한 변화를 읽으면서 이러한 변화가 자신의 사역에 어떤 의미가 있는지 자문해 보라.

변화 1　　　틈새의 기간 동안 북미는 성직자가 사회를 지배하던 사회에서 평신도가 교회를 지배하는 사회로 전환되고 있다. 다음의 세 가지가 이러한 변화를 촉진한다. 첫째, 성서의 재발견으로 성직자의 역할이 왜곡되고 있다는 사실이 드러났다. 둘째, 앞으로 10년에서 15년이 지나면 현 성직자의 대다수가 은퇴하거나 사망할 것인데 이 공백을 채울 만한 후임자가 없다. 셋째, 중산층 가계의 여윳돈이 지속적으로 줄고 있어서 교회에 필요한 수의 직원을 두기가 점차 어렵게 되고 있다.

미래에는 평신도의 주변화가 종식되고, 안수 받은 성직자의 고유 역할이 자취를 감출 것이다. 반면에 회중 교회에서 사제직을 수행하는 성도의 힘이 강력하게 나타날 것이다. 그러므로 성직자는 평신도가 사제의 역할을 해낼 수 있도록 훈련할 것이다.

변화 2　　　역사 속의 틈새가 지속되는 동안 기독교적이었던 북미는 비기독교적 사회로 변화되고 있다. 북미는 새로운 선교의 장이다. 현재의 북미는 기독교를 무시한다. 왜냐하면 기독교가 상업화의 조짐으로 받아들여지지 않았기 때문이다. 그러나 새로 다가오고 있는 세계는 점차 반기독교적이 될 것이며, 기독교 자체를 몰아내려 시도할 것이다.[5] 기독교 비판은 21세기에도 여전히 용납되는 몇 안 되는 차별 중 하나다.[6] 저명한 교회 상담가 라일 쉘러(Lyle Shaller)는 교회에 대한 정부의 장기적 개입 효과에 많은 관심을 보인다. 그는 교단이 첫 번째와 네 번째 수정헌법을 고려하면서 법정의 효용성 있는 선례 재판에 투자할 것을 제안한다.[7]

방송매체는 점차 기독교적 가치를 공격할 것이다.[8] 지역주민들은 교회에 그 지역을 떠나라고 요구할 것이고, 정부 관계자들은 교회에 세금을 매기려 할 것이다. TV 드라마는 기독교의 가치를 지속적으로 폄하할 것이다. 기독교와 문화가 계속해서 나뉘다가 결국 둘 사이가 완전히 분리되는 지경에 이를 것이고, 기독교인에 대한 경멸은 더욱 가속화될 것이다.

다가오는 시대 속으로 들어갈수록 사회는 '종교적'과 '영적'이란 말이 갖는 의미를 정의하기 위해 더욱 노력할 것이다. 역사의 틈새 시대에는 세금을 매기기 위한 목적으로 종교에 대한 정의를 내리려는 정부에 의해 유대-기독교적 세계관이 호된 시험을 받을 것이다. 또한 유대-기독교적 세계관은 점차적으로 뉴 에이지, 자연적 인본주의, 자연주의, 과학주의, 신비주의, 기술주의의 도전에 직면할 것이다.[9] 새로운 선교의 장인 시대에는 하나님이 여러 신들 가운데 하나 정도로 여겨질 것이다. 여러 신 중 '기술의 신'만큼 매혹적이고 믿음직한 신은 극소수에 불과할 것이다. 믿음직한 신의 예를 들면, 인간 형성의 비밀을 밝히기 위해 1988년 시작된 '인간 게놈 이니시어티브'(Human Genome Initiative)라 불리는 연간 200만 달러짜리 프로젝트 같은 것이 있다.[10]

변화 3　　　발견의 시대가 끝나고, 발견한 것을 구분하는 시대가 시작되고 있다. 역사의 틈새가 열려 있는 동안 사회는 혁신(innovation)에서 적용(application)으로의 변화를 경험할 것이다. 지난 30년 동안 매우 많은 것이 발견되었기에 향후 50년간은 이 발견된 사실을 구분하고 사실들에 의해 만들어질 수 있는 결합물을 이해하는 데에 보낼지도 모른다. 새롭게 발견된 기술을 적용함으로써 새로운 삶의 방식이 나타나고, 지식을 받아들이고 전달하는 새로운 방법이 생겨나고, 집과 일터에서 일을 하는 방식에도 변화가 생길 것이다.[11] 한때 성스러운 것으로 여겨졌던 개념에도 근본적인 변화가 발생한다. 틈새 시대에서 시간은 더 이상 수치로 잴 수 있는 것이 아니며, 일을 결정하는 과정은 훨씬 복잡해진다. 앞으로는 정보를 다루는 사람이 권력을 가질 것이다.

변화 4　　　진리에 대한 정의가 바뀌고 있기 때문에 다가오는 시대에는 궁극적인 진리의 형태가 있다고 믿는 사람이 거의 없을 것이다. 역사의 틈새 이전에는 종교와 신앙에 의해 진리가 정의되었다. 현실을 받아들이는 우리의 인식이 성서와 대립할 경우 우리의 인식이 잘못된 것으로 여겨졌다. 틈새의 시기에는 진리가 과학에 의해 정의되지만 다가오는 시대에는 과학에 의해서도 정의되지 않을 것이다.[12] 대신 세기 초 윌리엄 제임스(William James)에 의해 시작되고 존 듀이(John Dewey)가 지지한 실용주의가 결실을 볼 것이다.

진리는 실용성에 의해 정의될 것이다. 기술이 진리를 정의하는 새로운 신으로 등극할 것이다.

　기술이 해결해야 하는 우선적 과제는 경제적 목적(생물중심주의와 생태신앙에 반대되는 경제생태신앙)을 위해 지구의 총체성을 보존하는 일과, 북미의 삶의 방식(생태윤리)을 보존하는 일이다.[13] 인간과 지구의 전체적 건강을 돌보는 일이 사회가 해결해야 할 기본 과업이 될 것이다. 발전된 과학 기술에 의한 뇌 이식 수술은 의료윤리가 해결해야 할 문제가 될 것이다. 사람들은 주권자 하나님의 최고권(最高權, The supremacy of the sovereign God)을 선이나 악을 행하는 인간 기술의 역량에 견줄 수 있는 것이라고 여길 것이다. 이미 뇌의 작동을 이해하기 위한 주요한 연구가 시작된 것이 그 예다.

변화 5　　도덕 기준은 끊임없이 변화한다는 점에서 틈새 시대의 카멜레온이라 할 수 있다. 범죄의 개념이 점점 쇠퇴한다.[14] 아이들의 가치는 보육교사의 가치를 따라가고, MTV의 냉소적 세계에 위협 받는다. 공동선에 대한 관심이 사라지고 있다. 틈새 시대에는 개인이 왕이다.[15] 사람들은 자기 자신에게 매혹되어 있다. 방문 안에서 일어나는 행위는 무엇이든 용납된다. 남의 눈을 피하는 것이 최고인 시대다.[16] 다가오는 시대에는 옳고 그름이 존재하지 않을 것이다. 개인에게 이익이 되는 것이면 무엇이든 윤리의 근간이 될 것이다. 이러한 변화는 진리가 기술에 의해 정의되는 세계에서 자연스럽게 일어난다.

윤리가 가장 크게 변하는 곳은 가정이 될 것이다. 현재 미국인구조사국은 '출생, 결혼, 혹은 양자에 의해 관계를 맺고 함께 거주하는 두 명 이상의 모임'을 가족이라고 정의한다. 앞으로 가족은 '성별이나 시간의 헌신 정도와 상관없이 서로를 사랑하며 돌볼 목적을 지니고 함께 사는 두 사람 이상의 모임'으로 정의될 것이다. 앞으로는 점점 더 한 배우자와 일생을 함께 사는 것을 정상으로 여기지 않게 될 것이다. 사람들은 개인적 이익이 있을 때에만 결혼할 것이다.[17] "[결혼과 이혼이 반복되는] 연속적인 일부일처제"가 정상으로 간주될 것이다.

의지할 만한 중심이 없는 사람들은 마음을 다치고 스트레스를 받으며 홀로 살 것이다. 결혼 전부터 함께 산 연인은 결혼 후 대부분 이혼한다는 연구결과가 이미 발표되었다.[18] 이미 10명 중 8명은 학대받은 경험이 있다. 서점에는 홀로서기에 관한 책이 가득하다. 약물에 중독된 사람은 인구의 절반이 넘는다.[19] 다가오는 시대에 부자들은 실제로 존재하는 듯 느끼게 하는 가상현실에 중독될 것이고,[20] 소외된 사람들과 청소년층을 중심으로 하여 확산된 후천성면역결핍증(AIDS)이 사회 구조를 위협하여 수십 년 안에 우리의 행동양식을 바꾸어놓을 것이다.

변화 6　역사의 틈새에는 '어디에 가입(joining)하는가'보다 '어디에 관계(belonging)되는가'가 더 중요하다. 사람들은 제도적 기관을 신뢰하기보다 개인적인 필요를 채워줄 수 있는 사람들과의 모임과 긴밀한 관계를 맺을 것이다. 다가오는 시대에는 기부금이 많이 걷히는 기관이라도 쇠락할 것이다.

위험을 감수하기보다는 안전과 보안의식이 중요해질 것이다.[21] 많은 사람이 신체적·심리적으로 위축되는 경향이 나타날 것이다. 사람들은 계속해서 교외로 이주할 것이다. 소규모의 안전한 집단이 사회의 기본 구조가 될 것이다. 사람들은 체계적인 조직이나 사상보다 개개인을 더 신뢰하게 될 것이다.

변화 7 틈새 시대에는 많은 지식이 유례없이 빨리 적용되므로 예측 불가능한 일이 훨씬 많아질 것이다. 속도와 질이 경쟁할 것이다. 모든 동요의 폭이 이전보다 커질 것이다. 관료주의는 최소한으로 줄어들 것이다. 기관들은 고객에게 보다 빨리 반응하기 위해 절차를 간소화할 것이다. 그러므로 세속적 관료제와 종교적인 관료제는 가까운 미래에 난관을 겪을 것이지만, 기업은 이러한 문제를 잘 처리할 것이다. 다가오는 사회의 지도자는 '오래된 좋은 친구 같은' 제도를 벗어나 기꺼이 위험을 감수하려는 사람일 것이다. 관료제를 버리지 못하는 사람들은 실패할 것이다. 관료제에 고착되어 있는 기관도 살아남지 못할 것이다.

아메바와 같은 기관들이 21세기를 채울 것이다. 이 기관은 적응력이 있고 유연해서 하룻밤 사이에도 변화할 수 있을 것이다. 각종 기관은 생산량을 늘리는 만큼이나 배움의 양을 늘려 갈 것이다. 다가오는 시대에는 가장 많이 배운 사람이 가장 많이 생산할 것이다.

변화 8　　틈새 시대에는 부에 대한 환상이 사라진다. 가족의 평
　　　　　　균수입이 꾸준히 감소할 것이기 때문에 빈곤층이 늘
　　　　　　어나고 중산층이 축소될 것이다.[22] 이미 중산층에 초
점을 맞추는 사업은 이익이 감소하고 있다. 그러므로 다가오는 시대에는
시장경제에서 상류층이나 빈곤층에 초점을 맞춘 사업이 흥왕할 것이다.

　소멸하고 있는 중산층은 오염이나 과도한 성장 등 이웃과 자신의 삶
의 방식을 위협하는 모든 것에 대해 점점 더 적대감을 가질 것이다. 중산
층 공동체는 교통체증이나 소음공해를 야기하는 조직에게 공동체를 떠
나달라고 요청할 것이다. 이미 '정화 세대'(Clean Up generation, 베이비붐
세대의 다음 세대인 '베이비 버스터 세대'를 일컫는다 - 역자 주)는 베이비붐
세대(Baby boomer)의 생활 방식을 불쾌하게 여기고 있다.[23]

변화 9　　역사의 틈새에서 냉전의 종식, 아시아를 포함한 환태
　　　　　　평양 연안 국가들의 성장, 유럽 단일 통화 추진 등을
　　　　　　이유로 국가와 국제기구의 전통적 역할이 재정의된다.
세계 경제가 민족주의에 대한 정의를 새롭게 내리는 중이다.[24] 다가오는
시대에는 각 국가가 세계 경제를 위해 해야 할 역할을 부여받을 것이다.
미국은 세계를 지키기 위해 군사력을 판매하는 평화의 수호자가 될 것이

다. 국제총생산이 국민총생산을 대체할 것이다. 세계 주식시장이 네트워크화 될 것이고 곧 국가의 주식시장과 합병될 것이다. 음식, 여행, 영화, 패션, 언어, 그리고 인권 부문에서 세계적으로 공통된 생활방식이 나타날 것이다.[25] 이러한 경제의 상호연관성으로 인해 전쟁이 거의 사라질 것이고, 세계적 정부가 수립될 것이다.

변화 10 역사의 틈새에서 북미는 자동차와 여행에 대해 많은 관심을 가짐으로써 이웃에는 관심을 적게 기울이는 대신 지역적 의식을 발달시키고 있다. 오늘날 집 주변의 이웃과 함께 놀고, 먹고, 사귀는 북미인은 소수에 불과하다. 다가오는 시대에는 많은 사람들이 같은 지역에서 먹고, 놀고, 사귀며 일할 것이다. 이런 사람들을 수용할 수 있는 "위성도시"가 이미 발달하고 있다.[26] 도심의 역할도 지속적으로 줄어들어서 곧 도심이 사라질 것이다.

변화 11 역사의 틈새를 지배하는 감각은 시각과 청각이다. 전형적으로 부유하고 교육받은 사람들이 전형적으로 즐기는 예술과 일반대중이 좋아하는 오락이 결합될 것이다. 우리는 쌍방향 텔레비전을 통해 뉴스와 현실을 인지하고 받아들이며 해석할 것이다. 인쇄물이 점차 사라지고 전자 문서만 남을 것이다. 아이들은 컴퓨터로 책을 읽을 것이고, 자기가 읽은 이야기를 창조적으로 변형시킬 것이다. 새롭게 다가오는 시대에는 대중매체가 최종적인 통신 수단이 될 것이다. 보이지 않고 경험할 수 없는 것은, 말할 수도 없고 받아들여지지도 않을 것이다.[27]

변화 12   역사의 틈새에는 권력을 분산시키는 것(decentralization) 이 필요하다. 민중참여로 돌아가는 것은 현재의 조직화된 우리 삶의 모든 면을 재구성할 것이다. 주식회사는 직원에게 더 많은 권한을 부여할 것이다. 협동성, 다양성, 창조성을 강조하는 것이 수익을 증대할 수 있는 근본적인 방법이다.[28] 대기업은 사업 영리를 목적으로 하여 연결된 작은 기업체들의 네트워크로 대체될 것이다.[29] 주식회사의 임원들은 세계적인 협력구조의 다양한 모습에 익숙해져야 하고, 두 개 이상의 언어를 익힐 것이다. 새롭게 등장하는 사회에서는 연방정부보다 마을, 위성도시, 지방, 군, 지역, 그리고 주(state) 등이 권력을 지닐 것이다. 이렇게 세분화된 구조는 세계 경제의 발전을 가속시킬 것이다.[30]

변화 13   역사의 틈새에서 지식과 정보를 전달하고 수용하는 부분이 비약적으로 도약하고 있다.[31] 컴퓨터는 지식을 다루는 방법을 변화시킨다. 현 사회에서 생산성이 높은 사람은 지식을 얻고 사용하고 발전시키고 함께 나누는 방법을 아는 사람이다. 다가오는 시대에는 지식을 모으고 저장하고 검색하는 것보다 그것을 처리하는 방법이 우선적인 기술이 될 것이다.[32] 기억하거나 기록하는 기술은 별로 필요하지 않을 것이다. 지식은 세계적인 시각에서 순수하게 처리될 것이다. 순차적 사고, 연속적 사고, 이성적 사고, 추론적 사고가 점차 사라지고 있다. 많은 부유한 사람들은 인공지능에 지나치게 의존할 것이고, 경제적으로 빈곤한 사람들은 생각을 적게 할 것이다.[33]

다가오는 시대에는 홈스쿨링과 사립학교가 분별 있는 사람을 대부분 수용할 때까지 계속 늘어날 것이다. 공립학교는 정부나 사업체의 지원을 받는 민간부문으로 대체될 것이다. 또 종교 학교가 많아질 것이다.[34]

변화 14　　　2001년이 되면 미국인 네 명 가운데 한 명은 백인이 아니게 된다. 다가오는 시대는 전에 없이 다양한 사회가 될 것이다.[35] 교외에서 성장하고, 한 가지 언어만 사용할 수 있는 젊은 백인들이 오늘날 새로운 문화에 가장 불리한 사람이다. 다가오는 시대는 더 이상 와스프(WASP, 백인 앵글로-색슨 개신교도. 현 지배층)가 지배할 수 없을 것이다. 북미의 백인은 과거 자신들이 유색인종에게 행했던 것처럼 앞으로는 부당한 대우를 받게 될 것이다. 다가오는 시대에는 다양한 인종간의 결혼으로 많은 북미 아이들이 태어날 것이다.

변화 15　　역사의 틈새에는 남성 지배 사회가 사라진다. 다가오
　　　　　　　는 시대에는 그동안 여성의 고위직 진출을 막고 있던
　　　　　　　"보이지 않는 차별"(glass-ceiling)이 사라질 것이다. 존
나이스벳(John Naisbett)에 따르면, 여성들은 이미 미래 산업에서 자신들
의 자리를 설정했다.[36] 직업 시장에서 성차별은 사라지고 양성이 모두
포용될 것이다. 남성의 역할이 줄어들고 성 역할에 대한 정의도 달라질
것이다. 삶의 모든 부문에서 여성의 가치에 대한 새로운 경향이 강하게
나타날 것이다.[37] 보육과 모성/부성이란 개념이 사라지고, 직장을 가진
부모에게 편의를 제공할 수 있는 가정 안팎의 여러 전일제 · 시간제 직업
이 생겨날 것이다.

변화 16　　역사의 틈새에서 '긍휼'(compassion)과 '공감'(empathy)
　　　　　　　이 기존 시대의 '책임'(obligation)과 '의무'(duty)를 대
　　　　　　　체한다. 개신교 직업윤리는 개인적 차원에서의 '의미
획득'과 '목표 달성'으로 대체되고 있다. 삶의 방식과 근로 규정은 점점
이완되어 간다. 틈새 시대의 사람들은 이전 시대의 사람들보다 일하는
시간이 줄어들었다. 그러나 보다 많은 선택 사항이 주어져 있기 때문에
자신이 원하는 것을 모두 하기에는 시간이 부족하다.

다가오는 시대에는 '[열심히 일하여 경제적 풍유를 누리면서] 좋은 상품을
갖고 싶은 마음'와 '[경제적으로는 조금 부족해도] 편안하게 살고 싶은 마음'
사이에 충돌이 일어날 것이다. 편안한 삶을 즐기려는 사람보다 열심히

일하려는 사람이 성공할 것이다. 노는 것을 선택한 사람은 성공하지 못한다.

기회의 창　　이상의 16가지 패러다임의 변화는 오늘의 목회 내용을 형성하고, 미래의 사역을 위한 기회의 창을 열어준다.[38] 이러한 변화를 기반으로 하여 나타난 새로운 형태의 사역이 다가오는 시대의 사역이 될 것이다. 기독교 회중 교회의 의미를 이해하는 중요한 열쇠는, 각 변화를 독립된 변인으로 볼 것이 아니라 모든 변화들이 다가오는 시대의 패러다임을 만들어내는 일련의 가정임을 깨닫는 것이다. 변화 속을 뛰어다니며 자신을 변화시킬 줄 아는 열린 교회는 새로운 사역을 개발할 것이고, 인간의 영육을 결합한 효과적인 목회 구조를 만들 것이다. 이들은 영적으로 성장하고 교인의 수도 늘어남으로써 21세기의 사역을 감당할 준비가 될 것이다.

패러다임의 변화를 무시하거나 거부하는 회중 교회는 계속해서 죽어갈 것이다. 구조를 개혁하지 않는 목사는 더욱 더 열심히 일하더라도 일의 효과는 더욱 감소할 것이다. 지금은 목사와 평신도, 교단 지도자들이 행동할 때다.

행동은 지혜와 용기를 필요로 한다. 오늘 불가능하게 보이던 것이 내일은 표준이 될 것이다. 변화시켜야 할 곳에 대한 정보가 너무 빨리 변화되기 때문에 어떤 사역이 성공적이라고 장담할 수 없게 되었다. 지도자는 자신의 직관을 신뢰해야 한다. 변화되지 않고 남아 있는 개인들의 가정은 치명적이다. 그렇다면 새로운 패러다임을 형성하기 위한 도움을 어디에서 얻을 수 있을까?

옛 패러다임   **비주류파**   새 패러다임

미래를 향한 변화는 주변부에서 일어난다

패러다임의 변화가 일어나는 동안 미래를 향한 변화는 항상 주변부(fringe)에서 먼저 일어난다. 이 변화는 너무 거대하고 포괄적이어서 21세기의 지구가 어떤 모습일지 정확히 아는 사람이 없다. 표준이 없다는 한 가지만 확실하다. 그렇다면 21세기 사역을 위한 실마리를 모색할 때 누구에게 도움을 요청해야 하는가? 현상유지에 집착하는 사람에게 물을 질문이 아니라는 점은 확실하다. 우리는 주변에 머물고 있는 사람들에게 묻는다.

비전통적인 사역을 발전시켜온 비주류파는 종종 '낙인찍히지 않은 송아지'(maverick, 독자적인 사람)처럼 보인다. 그러나 그들은 정확하게 미래를 향해 있다. 사회가 어떻게 바뀔 것인지, 어떤 새 패러다임이 생길 것인지 예측하기 위해서는 주변부에 있는 사람들을 살펴볼 필요가 있다. 그들은 미래를 향한 선각자다. 비록 그들이 하는 말이 우리를 불편하게 만들지라도 우리는 그들의 말을 들어야 한다.

윌리엄 맥키니(William McKinney)는 다음과 같이 설명한다.

"오래된 교단이 자신들이 지배적이었던 예전의 위상을 회복할 수 있다고 믿거나 그러기를 소망하는 한, 그들은 유색인종이나 텔레비전에 나오는 설교를 들은 사람들, 목표를 이루기 위해 투쟁하는 사람들 같은 미국의 새로운 국민들에게 다가가지 못할 것이다. 중앙부를 경험하고 있는 사람과의 교제가 아니라 최근에 주변부를 경험한 사람과의 교제를 통해서 우리 자신을 탈중심화할 수 있다는 사실을 받아들일 때 비로소 가능하다."[39]

3

비주류파

오늘날의 많은 기독교 지도자들이 일어나는 변화의 기회를 보지 못한다. 대다수는 자신이 성장한 세계가 더 이상 존속하지 않는다는 사실을 받아들이려 하지 않는다. 그러나 이미 많은 회중 교회는 역사의 틈새 시대에 지도력을 발휘할 준비가 된 사람이나 새로운 지도력을 가진 사람과 교류하고 있다. 이들이 바로 비주류파다. 그들은 현재에 대한 거룩한 불만족이 있다.

"역경은 종종 변화를 위한 기회의 창이 된다.
번영과 평화의 시기에 변화하려는 사람이나 조직은 거의 없다.
주된 변화는 필요에 의해 촉진된다."

레이프 앤더슨(Leif Anderson)

"약 다섯 대의 컴퓨터를 위한 세계시장이 있다고 생각한다."

토마스 왓슨(1943년 IBM 회장, Thomas J. Watson)

주요한 변화의 시기에는 변화의 위협 때문에 [과거를 지향함으로] 위축되는 지도자와 [다가오는 세계를 향한] 변화의 기회에 열린 지도자가 나타난다. (2장의 첫 그림을 보라)

오순절에 대한 종교 지도자의 반응을 생각해 보라. 새로운 시대가 선포되었지만 바리새인과 각국에서 온 경건한 유대인은 오순절을 위협으로 보아 오순절을 술 취한 잔치로 치부했다. 영적인 자유가 커질수록 반대 세력도 늘어난다(행 2:5~12).

오늘날의 많은 기독교 지도자들이 역사의 틈새 시대에 위협을 느끼며 그 사이에서 일어나는 변화의 기회를 보지 못한다. 과거의 방법을 고수하려는 사람도 있고, 과거를 재현하려는 사람도 있다. 대다수의 사람은 자신이 성장한 세계가 더 이상 존속하지 않는다는 사실을 받아들이려 하지 않는다.

그러나 이미 많은 회중 교회는 역사의 틈새 시대에 지도력을 발휘할 준비가 된 사람이나 새로운 지도력을 가진 사람과 교류하고 있다. 이들이 바로 두려워하기보다는 기회를 바라보려는 의지가 있는 비주류파다. 그들은 현재에 대한 거룩한 불만족이 있다. 그들은 현재를 지나치게 편안하게 여기며 사는 것은 과거를 사는 것과 같다는 사실을 안다.

비주류파는 다음과 같은 세 가지의 가정을 한다. 첫째, 교회와 교단이 행해온 모든 것은 더 이상 효력을 발휘하지 못한다. 비주류파는 기독교 회중 교회의 본질과 임무에 대한 선입견을 모두 제거한다. 그들은 다음과 같이 질문한다: 오늘날 회중 교회에서 의미를 상실한 사역이 있는가? 왜 그 사역을 계속 하자고 주장하는가? 그 사역을 하지 않게 되는 것의 의미는 무엇인가? 그 사역을 의미 있는 구원 사역으로 바꿀 수 있는가?

둘째, 대다수의 사람이 불가능하다고 생각하는 일이 사실은 가능한 일이다. 그들은 다음과 같이 질문한다: 회중 교회를 보다 생명력 있고 내일에 적합한 공동체 교회로 만들기 위해 오늘 우리가 할 수 있는 사역이 무엇인가?

셋째, 우리는 비기독교적 사회에서 살고 있다. 비주류파는 비기독교란 말의 사용을 두려워하지 않는다. 그들은 오늘날 교회의 사역이 종종 기독교와 비기독교의 대립 상황 속에 놓임을 안다. 이 세 가정에 근거하여 비주류파는 다음과 같이 행동한다:

비주류파는 전문가가 아니라 섬기는 지도자다. 1992년 5월 4일 "종으로서의 지도자"라는 글이 「포천」(Fortune Magazine)이라는 잡지에 실렸다.[1] 도널드 트럼프(Donald Trump)와 리 아이아코카(Lee Iacocca) 같은 1980년대 인물의 위상은 실추되었다. 1990년대 지도력을 지닌 사람은 전 세대 지도자보다 덜 과장될 것이다. 20년 전 로버트 그린리프(Robert Greenleaf)의 저서 「서번트 리더십」(Servant Leadership)이 신선하게 다가올 것이다. 섬기는 지도자는, 사람과 사람의 일을 중요하게 여기며, 그들의 말을 들어주고 그들에게서 힌트를 얻으며, 그들을 치유하려 노력하고, 스스로 겸손하여 자신을 청지기로 여기는 사람이다.

비주류파는 유용한 정보를 모으고 분석하며 이해한다. 1960년대 기술적 진보는 정보를 모으고 저장하고 검색하는 부분에서 뛰어난 결실을 맺었다. 이제는 정보를 사용하는 방법을 아는 것이 조직의 성공으로 이어질 것이다.

우리는 회중 교회에서 일어나고 있는 다음 사항을 이미 안다. ① 교인 수가 감소한다. ② 교회학교가 쇠락한다. ③ 선교 프로그램이 감소한다. ④ 교인의 평균 연령이 매년 높아진다. ⑤ 20년 후에는 현재 교인의 대부분이 연로하여 예배에 참석하지 못할 것이다. ⑥ 청년들이 체계를 갖춘 종교를 찾아가고 있지만, 그중 몇 사람만이 교회로 향한다. ⑦ 활동 중인 목사의 대부분이 15년 내에 은퇴한다. ⑧ 이전 세대에게 돈이 우상이었듯 현 세대에게는 시간이 우상이다. ⑨ 건강한 이웃 교회가 매우 드물다. ⑩ 자녀를 가진 여성의 66%가 밖에서 일한다. ⑪ 교회 자모실이 잘 운영되지 않는다. ⑫ 종신 교수들이 신학교를 시대에 뒤처진 곳으로 만들고 있다. ⑬ 대부분의 교인이 성서를 알거나 이해하지 못하며, 교회 안에서 결정을 내릴 때 성경의 원리를 적용하지 못한다. ⑭ 교회에 오는 방법이 자동차로 인해 변하고 있다. ⑮ 예배에 참여하는 10대가 거의 없다. 교회학교의 어린이 수가 계속 줄어든다.

비주류파는 대부분의 자료를 조직 내부보다 외부에서 수집한다. 그들은 재능이나 위치, 강점이나 약점, 집행부의 변덕과 같은 상황이 사역의 성격을 결정하는 데 영향을 주도록 허락하지 않는다. 대신 그들은 필요한 사역을 발견하기 위해 교회의 밖이나 교단의 밖을 살핀다.

밖을 보지 못하는 부정적인 예가 있다. 나는 주변에 독신자가 많은 어느 교회를 상담하면서 그들이 새로운 사역의 실마리를 찾지 못하는 것을 보고 말했다. "당신들은 반드시 독신자 사역을 시작해야 합니다." 그들은 다음과 같이 대답했다. "왜요? 우리 교회에는 독신자가 없는데요."

비주류파는 미래 사역의 실마리를 찾기 위해 밖을 살핀다. 그리고 다음과 같은 네 가지 생각의 대죄(deadly sin)를 피한다. ① 자기만족-"고장 나지 않은 것은 고치지 말라" ② 주변에서 일어나는 패러다임 변화에 눈 감기 ③ 과대망상-직관에 의존하기 ④ 교만-기간이 오래 걸리는 교정은 무시하고 빠른 시간 내에 간단히 할 수 있는 부분만 교정하기.[2]

비주류파는 유용한 정보에 기초한 것이라면 그것이 비록 전통을 파괴하는 것일지라도 행할 용기가 있다. 지도자는 정보를 아는 것만으로는 충분하지 않다. 지도자는 정보에 입각하여 행동해야 한다. 이러한 행동은 도덕적이어야 한다. 또한 '신성한 소'(고정관념, sacred cows)를 죽일 수 있는 전략적 결정을 내릴 의지도 있어야 한다. 이러한 지도자는 전통보다 사명을 더 중요하게 여긴다.[3]

비주류파는 탁월함(excellence), 혁신(innovation), 예견(anticipation)에 정통하고, 이를 가르친다. '탁월함'은 조직화된 종교로부터 사람들을 빼내려는 많은 외압이 있는 지금의 시대에 경쟁력 있는 교회가 되기 위한 필수 요소다. '혁신'은 교회가 다가오는 시대에 새로운 사역을 제공하기 위해 반드시 필요하다. '예견'은 역사의 틈새에서 빠르게 변하는 사람들의 요구를 들어줄 준비를 하기 위해 필요하다.[4]

회중 교회를 전통의 사슬에서 자유롭게 하는 것이 역사의 틈새 시대에 가장 중요한 도전이라는 것을 비주류파는 안다.[5] 전통은 한 세대의 경험이 다음 세대를 위한 표준이 된다고 여긴다. 그러나 한 세대에게 새로운 삶을 가져온 전통이 다음 세대에서는 그 역할을 잘 수행하지 못하기도 한다. 세대가 전환될 때 혹자에게는 전통이 그 의미를 상실하기도 하지만, 혹자에게는 전통이 신앙처럼 변하기도 한다.

예수님은 바리새인들이 보는 앞에서 율법을 어기는 일인 줄 알면서도 안식일에 낟알을 훑어 전통에 도전하셨다. 그분은 모든 것이 끝나고 새로운 세계가 나타나고 있음을 아셨다. 삶의 방식이 바뀔 때에는 많은 전통을 버려야 한다. 예수님께서 비주류파의 본을 보여주신 것이다.

비주류파는 분류작업을 기껍게 여긴다. 전쟁 중에 의사와 간호사는 살 수 있는 환자와 살 수 없는 환자를 구별하여 살 수 있는 가망이 높은 환자를 돕는 데 시간을 사용한다. 때로 분류가 잘못되기도 하는 것은 사실이다. 그렇다고 아예 분류작업을 하지 않는다면 생존자의 수는 더욱 줄어들 것이다.[6]

그리스도의 새 생명을 전할 수 있는 회중 교회가 되려면 분류작업이 반드시 필요하다. 우리는 교회 내부의 사역에만 힘쓰는 교회를 도울 자원이나 시간, 인력이 없다. 교회 밖에 있는 사람들에게 다가갈 수 있는 내부 사역도 있지만 그렇지 못한 경우가 더 많다. 이 차이를 아는 것이 회중 교회의 지도자가 할 일이다. 사람들에게 예수님을 전할 기회가 있는 회중 교회도 있지만 그렇지 못한 경우가 더 많다. 교단 지도자도 이 차이를 알아야 한다.

분류작업을 하는 동안 나타나는 생명 징후(vital sign, 맥 · 호흡 · 체온 · 혈압 등 생물에게 생명이 있음을 입증해 주는 4가지 징후 – 편집자 주)는 단순하다. '그리스도의 새 생명을 전하는 데 우선순위를 두는가, 아니면 교회의 생존에 두는가?' 가 판단의 기준이다. 비주류파는 '교회 밖을 향하는 교회와 사역' 을 살리지만, '교회 내부에만 초점을 두는 교회와 사역' 은 조용히 죽음을 맞게 한다. 영적 분류작업을 하는 비주류파는 단순하다.

21세기의 건강한 기독교 공동체 교회는 두 범주로 나뉜다. 한 범주는 '외부를 향한 작지만 힘 있는 공동체' 고, 다른 범주는 '외부를 향한 크고 힘 있는 공동체' 다. 두 범주 사이에 [사역을 할 수 있는] 광활한 미개척지가 펼쳐질 것이다. '내부에 집중하는 크고 작은 교회' 는 자취를 감출 것이다.

다가오는 시대의 작고 강한 공동체 교회에는 200명 미만의 사람이 모여 주 1회 예배할 것이다. 그들은 자녀와 함께 살지 않는 50대 이상의 외부인을 대상으로 "틈새" 사역을 발전시킬 것이다. 공동체의 교인들은 따뜻하고 사교적이며, 건물이나 통장 잔고보다 그리스도를 훨씬 더 사랑한다. 은퇴는 새 생명을 나누어 주는 일을 그만둘 이유가 되지 못한다. 이들의 사랑사역은 많은 사람의 영적 필요와 육적 필요, 감정적 필요를 채워준다. 이들 사전에는 통제(control)와 권력(power)이란 단어가 없다. 이들은 '자기 목숨을 버리고자 하는 자가 살리라' 는 생명의 비밀을 안다.

다가오는 시대의 크고 강한 공동체 교회는 주 중에 다양한 예배를 열 것이며, 한 주간 전체 예배를 합하여 600명 이상이 참여할 것이다.[7] 이러한 교회는 대부분 도시에서 찾아볼 수 있을 것이다.[8] 도시에는 청년도 있고 노인도 있고, 부유한 사람도 있고 어려운 사람도 있고, 자녀가 있는 사람도 있고 없는 사람도 있고, 결혼을 한 사람도 있고 안 한 사람도 있으며, 도시를 구성하는 인종도 다양하다. 교인들은 자신의 일터에서 복음을 실천한다. 신참 목사에게 공동체 교회는 크고 힘 있는 공동체 사역에 필요한 기술을 습득하는 '배움의 장' 이다. 다른 회중 교회는 그 공동체 교회의 지원과 도움을 받는다. 이들의 사역은 교인들의 사업장과 회사에서 이루어진다. 그들은 하나 이상의 장소에서 예배를 드린다. 그들은 '매년, 매월, 매주, 7일' 사역한다. 이들이 널리 알려진 것은 교단 관계 때문이 아니라 이들의 특징적인 표어와 사역 때문이다. 이들은 교회에 등록하는 것보다 예수 그리스도를 믿음으로 얻게 되는 새 생명을 강조한다. 이들은 교회의 시설이 깨끗하게 있는 것보다 많은 사람들이 사용하여 낡게 되기를 원한다. 이들은 학생과 학부모에게 새 생명을 전할 목적으로 유아원부터 초등학교 혹은 고등학교에 이르는 기독교 학교를 운영한다. 사람들은 정기적으로 예배에 참여하기 위해 여러 지역에서 모여든다. 예배는 그 지역의 특색을 갖춘 음악과 풍습을 따라 진행되고, 설교의 초점은 적대적인 세상에서 어떻게 다음 한 주 동안 기독교인의 삶을 살 것인가에 맞추어진다.

21세기에 크고 힘 있는 그리스도 중심의 공동체 교회가 되기에는 현재 예배 출석자가 450명 정도인 교회가 가장 좋다.[9] 450명은 예배에 적당한 수다. 이러한 교회는 어린이, 청소년, 기혼자와 미혼자 사역을 하기에 적당하다. 이러한 교회는 주중의 다양한 형태의 사역을 할 충분한 교회 장소가 있다. 그렇지 않을 경우 장소를 확충할 능력이 되거나, 더 나은 장소로 옮길 의향이 있는 교회다.

비주류파는 역사의 틈새 시대에 교회를 발전시키기 위해 기본적인 다음의 두 가지 방법을 사용한다. 첫째, 역사를 이해하고, 그것이 어떻게 미래에 대한 이해와 연결되는지 안다. 둘째, 문화를 기꺼이 여기며 복음의 역사적 계시를 전달할 도구로 삼는다.

기독교 신앙의 역사적 뿌리를 검토하는 동시에 우리 시대에 효과적으

로 활동하는 비주류파의 사역을 검토하는 것이 우리가 할 일이다. 이 일
을 하면서 자신이 그리스도를 섬기는 교회의 모습이 그러한지 스스로에
게 물어보라.

4

양떼를 목초지로
다시 인도하기

오늘날 회중 교회가 직면한 도전은 예수의 죽음 직후 제자들이 처한 상황과 유사한 부분이 있다. 과거와 미래 사이의 틈새 시대에 방향 전환을 해야 하는 우리는 1세기 공동체 교회의 독특한 요소를 재발견해야 한다. 초대교회의 사례에 근거해 볼 때, 오늘의 교회는 세상으로 눈을 돌려야 한다. 지도자는 태도를 바꾸어야 한다. 우리 시대의 가장 큰 도전은 사회정의에 대한 우리의 열정을 지키면서 편협하지 않은 마음으로 신앙의 본질적 복음을 회복하는 것이다.

"다른 것을 잡기 전까지는 현재 당신이 잡고 있는 것을 놓지 마라."

래스 모로우(Lance Morrow)

현대 미국인들은 기독교의 현존을 더 이상 고맙게 생각하지 않는 사회에 살게 된 첫 북미 이주민 세대다.

오늘날 회중 교회가 직면한 도전은 예수의 죽음 직후 제자들이 처한 상황과 유사한 부분이 있다. 초대교회는 종교적이면서 적대적인 세상에 복음을 전했다. 초대교회는 완전히 새로운 세상과 마주했다. 율법 시대가 끝나고 성령 시대가 시작되는 틈새 시대의 초대교회는 혼란스럽고 불안하고 슬프고 외롭고 화도 났을 것이다.

1990년대는 기독교가 여러 변화를 거쳐 제자리로 되돌아가는 시기다. 그동안 우리는 유대-기독교 가치관이 삶을 위한 표준으로 인정되거나 적어도 삶의 방식으로 존중되는 매우 우호적인 환경에서 살아왔다. 하지만 더 이상은 아니다. 오늘날 우리는 1세기 때와 유사하게 선교에 적대적인 시대에 살고 있다.

교회와 문화의 관계 변화는 우리 시대의 세속적인 평론에서 많이 찾아볼 수 있다. 앨빈 토플러(Alvin Toffler)가 "21세기의 정점"을 묘사할 때 사용한 단어 중 한 가지는 폭력이다.[1] 「월 스트리트 저널」(*The Wall Street Journal*)은 지역 교회에 대한 이웃의 역할 변화에 관한 기사를 길게 실었다. 이 기사를 요약한 헤드라인은 다음과 같다. "교회가 있다. 사람들은 방어 태세를 취한다. 마을에서는 새 교회를 종을 치는 흉한 건물이나 결혼식장 정도로 여긴다."[2]

과거와 미래 사이의 틈새 시대에 방향 전환을 해야 하는 우리 기독교인은 1세기 때의 공동체 교회의 독특한 요소를 재발견해야 한다.

문화적으로 적합하면서 그리스도 중심적인 회중 교회를 발전시키기 위하여 우리는 제도나 교단 정신에 물들지 않은 눈으로 초대교회의 삶과 사역을 재검토해야 한다. 그러므로 이 연구는 '제도적 기독교로 발전되기 전 1세기의 공동체 교회'에 한정된다.[3]

연구는 사도행전에서 시작한다. 우리는 사도행전의 저자가 1세기 공동체 교회에서 일어난 두드러진 사건들을 기록했을 것이라 생각한다. 사도교부(apostolic fathers)라 불리는 제도적 전통이 종교를 지배하기 전 초대교회의 주제를 발견하는 것이 우리의 목적이다.[4]

초대 기독교 공동체

사도행전에는 신약성서 공동체를 중심으로 전개되는 네 가지의 본질이 나타난다. 첫째, 신약시대 기독교인은 기도와 후원, 예수 그리스도의 길(the Way)[5]에 대한 가르침 등을 통해 하나님을 찬양하고, 금식하며, 모든 것을 공동으로 소유하고, 사역 담당자에게 안수하고, 교회로 새로 온 사람들의 수를 세고 축하했다.

둘째, 초대 기독교인은 사원과 거리에서 예수 그리스도의 삶과 죽음과 부활을 증거했다. 그들의 메시지는 입교 권유가 아니라 하나님의 나라에 들어갈 것, 죄의 회개, 개인적인 구원의 체험 등이 주가 되었다. 이들을 파송하고 가르치는 분은 성령님이셨다. 이들이 가는 곳마다 기적이 일어나고 사람들은 놀라워하며 그들을 바라보았다. 이들은 교회 밖 세상으로 나가 다른 사람에게 예수 그리스도를 나누어 주기 위해 존재했다.

셋째, 초대 기독교인은 양육과 교제를 위한 가정 소모임을 만들었다.

이들은 온전히 소모임에 집중하였다. 그들이 공동체 의식을 발전시킨 것도 바로 가정 소모임 안에서였다. 소모임에서는 늘 '사랑의 축제'가 벌어졌다.

넷째, 초대 기독교인은 종교인들과 비종교인들에게 박해당하고 체포되었다. 왜냐하면 그들의 삶이 사회의 경제적인 삶에 영향을 끼쳤고, 종교 지도자의 전통에 도전이 되었기 때문이다. 초대 기독교 공동체 교회는 자신들이 삶과 죽음의 문제를 다룬다는 믿음이 있었다. 당시에 그리스도 안의 새 생명에 대한 증인이 되는 것은 위험한 일이었다. 신실한 신앙인이 순교되기도 하였다.[6] '그리스도의 길을 따르는 사람'이 되겠다는 결심은 가족, 직장, 친구, 그리고 안정된 삶의 상실을 의미했고, 심지어 죽음을 초래하기도 했다.

초대교회의 네 가지 본질과 다가오는 시대에 대한 지식을 바탕으로, 우리는 1세기 공동체에 관한 다음 사항을 추론할 수 있다. 이것은 다가오는 시대에 문화적으로 적합하면서 그리스도 중심적인 회중 교회의 사역에 중요하다.

1. 1세기 기독교인들의 우선적인 과제는 적대적인 환경 속에서 개인적이고 기독교적인 공동체를 세우는 것이었다. 이 개인적 공동체를 지칭하는 성서적 용어는 '오이코스'(oikos)인데, 이것을 영어로 번역하면 가족(household)이 된다. 바울과 실라는 이 단어를 다음과 같이 사용했다: "주 예수를 믿으라 그리하면 너와 네 집(household, 가족)이 구원을 받으리라"(행 16:31).

「스캇 펙 박사의 평화 만들기」(Different Drum)란 책에서 M. 스캇 펙

(M. Scott Peck)은 신약성서 공동체의 핵심을 이룬 개인적 공동체를 이렇게 묘사한다.

"'공동체'라는 단어를 의미 있게 사용하려면, 우리는 그 단어를 서로 솔직하게 의사소통하는 법을 아는 사람들, 겉으로 보이는 것보다 더 깊은 관계를 맺을 줄 아는 사람들, 그리고 '함께 기뻐하고, 함께 슬퍼하며' '서로 안에서 즐거워하고 타인의 처지를 내 것으로 여기려는' 의미 있는 약속을 지켜나가는 사람들로 이루어진 집단을 가리키는 말로 한정해 사용해야 한다."[7]

이런 종류의 공동체는 20명 이상으로 구성된 모임에서는 생기지 않는다. 우리는 대부분 기본적인 공동체의 인원을 10명 이하로 제한한다.[8] 우리는 '오이코스'에 속한 사람에게 도움을 받고, 자신을 긍정하고, 책임감 있는 모습을 발견하고, 개인의 성장에 도움이 되기도 하는 한편, '오이코스'의 일원으로 인해 삶이 파괴되는 경험을 하기도 한다. 각각의 '오이코스'는 '사회'라고 불리는 보다 큰 사회적 구조의 필수적인 부분이다. 모든 문화는 이런 방식으로 만들어진다.

초대 기독교 공동체 교회는, 오늘날 우리가 '교회'라고 부르는 기관에서 발생한 것이 아니라 기독교인의 가정에서 정기적으로 모였던 개별적인 '오이코스' 소모임에서 생겨났다.

예수님께서는 많은 시간을 누군가의 집에서 머무시며 그곳에서 사역하셨다. 이것이 가정 모임의 토대다. 예수님은 집 안에서 가르쳤고, 누군가의 집에 거하셨으며, 첫 성만찬도 누군가의 손님방에서 일어난 일이다. 제자들 역시 여행할 때 누군가의 집에 거했다.[9] 사람들을 초청하여 하나님께서 하시는 일을 직접 보여주고, 회심의 사건이 일어났다(고전 14:24~25). 그래서 바울은 가정을 방문해야만 자신이 박해를 할 기독교인을 찾을 수 있음을 알았다. "사울이 교회를 잔멸할새 각 집에 들어가 남녀를 끌어다가 옥에 넘기니라"(행 8:3).

시간이 지나면서 가정 모임이 연결되어 지역 회중 교회를 형성했다.[10] 여러 가정 모임이 함께 모여 "사랑의 축제"를 열고, 여행하는 복음 전도자에게 가르침을 받았다.[11]

공동식사(성만찬)는 가정 모임들이 만날 때마다 베풀어졌다. 그들은 떡을 떼고, 잔을 돌리고, 십자가에서 시작된 '에클레시아'(ecclesia), 즉 교회를 떠올렸을 것이다.[12]

2. 이 공동체 교회는 하나님 나라(구원 혹은 새 생명)를 개인에게 임하게 하는 일을 했다. 신약성서 공동체 교회는 세상 밖으로의 소명을 받은 후 선교를 위해 다시 세상으로 파송된 사람들로 구성되었다. 그들은 예수 그리스도의 새 생명에 대한 증인으로 명령받았다. 예수님께서 "너희는 내 증인이 되리라"고 말씀하셨다(행 1:8). 사도행전에서는 반복적으로 기독교인을 새 생명의 증인으로 묘사한다. 증인의 권능은 성령님의 역사로 나타났고, 증거의 대상은 예수 그리스도 안의 새 생명이었다.[13] 예수님께서 제자들에게 하신 유일한 당부는 집집마다 방문하라는 것뿐이었다. 초대교인은, 하나님은 우리에게 새 생명을 주시기 위해서라면 아무리 먼 거리라도 마다하지 않고 오신다는 점을 세상에 선포했다. 그들이

행한 모든 일은 이 목적 안으로 수렴된다.[14]

그리스도의 새 생명은 '새 시대의 사회 질서'를 목표로 하는 것이 아니라 '새 시대의 개개인'을 목표로 한다. 사회정의에 대한 관심은 개인에게 새 생명을 전하던 중에 생겼다.[15] 사회정의는 신앙 공동체 구성원들에게 새 생명을 전하려는 관심과 무관하지 않았다. 이스라엘과 하나님의 관계를 통하여 도덕과 구원은 법제화될 수 없다는 사실이 이미 입증되었다.

그들의 사명은 사람들이 새로운 삶을 살도록 훈련시키는 것이었지, 교회를 세우거나 기관을 확장하거나 등록교인의 수를 늘리는 것이 아니었다. 선교현장에는 교회 등록에 대한 생각이 없었다. 그리스도의 몸에 매일 참여하는 일이 중요했다.

3. 초대 기독교 공동체 교회는 새 생명을 받아들인 사람을 양육하고, 다른 사람들에게 새 생명을 전하도록 훈련하였다. 공동체 교회의 정체성은 교회의 건물이나 프로그램에 있지 않고 타인에게 새 생명을 전하는 방법에 있었다. 이 가정에서 저 가정으로 움직이던 친밀한 소그룹이 이 운동의 핵심이었다. 친밀한 소그룹, 다시 말하면 "가정 교회"는 후원과 양육을 위해 매일 모였고, 이 모임은 우리가 매주 드리는 공동예배만큼 중요하게 취급되었다. 기독교인은 서로 책임을 나누어 졌다(행 5:1~11). 초기의 공동체 교회는 공동의 유익에 앞서는 개인적 이익을 용납하지 않았다.

목사는 교인들에게 다른 사람에게 봉사하는 방법을 가르치고, 아직 신앙의 교제에 참여하지 않은 사람들에게 다가가는 법을 가르쳤다. 공동체 교회는 가족, 친구, 이웃부터 시작해서 주변의 모든 사람을 책임져야 한다고 생각했다. 복음을 듣지 못한 사람이 하나라도 있는 한, 모든 사람에게 새 생명을 전해야 할 교회의 사명은 아직 달성되지 못한 것이다.

4. "예수 그리스도는 주님"이라는 것이 초대 기독교 공동체의 가장 중요한 주제였다.[16] 예수 그리스도의 삶과 죽음, 부활의 선포(그의 탄생은 여기 포함되지 않음을 주의하라)는 기독교를 여타의 다른 종교들과 구별되게 하였다. 대부분의 초대 기독교 신조는 "주 예수의 이름으로"(in the name of the Lord Jesus) 혹은 "예수 그리스도의 이름으로"(in the name of Jesus Christ)였다. 이 주제가 빠진 초대교회는 당시의 몇몇 다른 종교와 다를 바 없다.

베드로는 예수 그리스도가 주님이라는 것을 강조했다. "사람들이 나를 누구라 하느냐"는 예수님의 질문에 베드로는 "주는 그리스도시요 살아 계신 하나님의 아들이시니이다"(마 16:16)라고 대답한다. 정통파와 비정통파는 이 신조를 254년 로마와 아프리카에서 갈등을 빚을 때까지 사용하였다.[17]

사도행전에서 이 주제는 계속 등장한다. 예수님을 "주 그리스도" (Christ the Lord)라 칭한 횟수가 19번이다.[18] "주 그리스도"라는 표현은 성령을 받고 증거하는 것, 치유, 이교도의 공포의 원천, 유대인의 질투, 설교, 가르침, 지도자의 선택, 축사, 참회, 경배, 구원의 길, 죄 용서, 기독교 세례의 요건, 순교, 예수의 이름을 사용하려는 이교도의 시도, 명예의 징표, 그리고 하나님 나라 등과 관련되어 사용된다. 사도행전의 마지막 절은 초대교회의 메시지와 사명을 요약한다. "바울이 온 이태를 자기 셋집에 머물면서 자기에게 오는 사람을 다 영접하고 하나님의 나라를 전파하며 주 예수 그리스도에 관한 모든 것을 담대하게 거침없이 가르치더라"(행 28:30~31).

이와 같은 신조는 우리가 무엇을 아는가보다는 우리가 어떻게 느끼는가와 더 깊은 관련이 있다. 믿음에 대한 확신이 커진 초대 기독교인은 세상을 향해 나가게 되었다. 그들도 예수님처럼 타인을 위해 살기 시작했다. 그러자 교인들의 숫자가 늘어났다.

이러한 신조는 기독교 공동체 교회가 자신의 신앙을 비기독교인에게 설명해야 했던 상황에서 생겨났다.

> "확고한 신조 속에서 어떻게 하여 마침내 신학적 반성이 제기되는가에 대한 주요 사례는 사도행전의 설교 가운데 나타나 있다. 이 설교들은 '특히 선교 상황과 관련해'(작은따옴표 안의 말은 저자가 강조한 것이다 – 역자 주) 공통적으로 갖고 있었던 믿음의 원칙을 포함한다."[19]

신조의 표현 방법과 형태를 결정하는 것은 상황이다. 당시에는 "예수님은 주님이다"라거나 "예수님은 그리스도다"라는 단순한 기독론적 증언만이 필요했다.[20] 이 신조는 그리스도 초기 추종자들의 기본적인 신념을 묘사한 것이었을 뿐, 공식적인 기독교 변증론(apologetics)을 위한 것이 아니었다. 이 신조는 이후 기독교 전통 신조의 발달에 기여한다.

영지주의(gnosticism)는 초기 신조에 대한 최초의 공격이면서 가장 심각한 공격 중 하나였다. 하나님과 예수 그리스도를 인간의 문제로부터 떼어놓는 정교한 사고 체계를 발전시키려 한 영지주의는 격렬한 저항에 부딪혔다. 영지주의는 구원을 하나님이나 그리스도의 약속으로 받아들이기보다 하나님에 대한 지식으로 보았고, 이 지식은 한 명 이상의 구원자나 계몽가로부터 얻을 수 있는 것으로 여겨졌다. 그래서 영지주의를 따르는 사람들은 계몽되지 않은 천한 다른 사람들로부터 떨어져 자기 내면으로 침잠하도록 교육받았다. 영지주의적인 구원관에서는 삶을 어떻게 윤리적으로 사느냐 하는 문제가 중요하지 않았다.

초기 기독교 저자들, 특히 바울은 영지주의를 논박하는 데 많은 시간을 쏟았다. 사도 바울의 선교(kergyma, 케리그마)는 초대교회의 기본 신조 "예수 그리스도는 주님이다"에 근거함을 증명한다. 바울은 다음과 같이 말하였다.

"예수 그리스도의 오심에 의해 예언이 성취되고 새로운 시대가 시작된다. 그는 다윗의 자손으로 태어났다. 그는 성경대로 우리를 현재 악의 시대로부터 구원하기 위해 죽었고, 장사되었고, 사흘 만에 부활하셨다. 그는 하나님의 아들이며 산 자와 죽은 자의 주님으로서 하나님의 오른편에 앉아 계신다. 그는 심판자로 또한 인간의 구원자로 다시 오실 것이다."[21]

제도권 교회가 가진 문서의 가장 초창기 모습에서도 그리스도 중심성이 확고하게 나타난다. 안디옥의 이그나티우스(Ignatius)는 107년에 다음과 같이 기록했다.

"그러므로 누구든지 예수 그리스도를 배제한 채 당신에게 말할 때는 귀를 막아라. 예수 그리스도는 다윗의 자손이고, 마리아에게서 실제로 태어나셨고, 실제로 먹고 마시셨으며, 본디오 빌라도에게 실제로 고난 당하셨고, 하늘과 땅과 땅 아래의 존재들이 보는 가운데 실제로 십자가에 달려 돌아가셨으며, 죽은 자들 가운데서 실제로 부활하셨고……"[22]

사도교부들은 기독교의 모든 신념과 실천이 그리스도에게 귀속된다는 데 동의했다. 그들은 교리의 궁극적인 요인이 "계시의 정점에 있는 예수 그리스도의 인격, 말씀, 그리고 사역"으로부터 나온다고 가르쳤다.[23] 그들은 그리스도가 구약성서의 초점이라고까지 말했다.

3세기에 이위일체와 삼위일체에 대한 주장이 나왔다.[24] 그러나 니케아신조(the Nicene)와 사도신경(Apostle's Creed)을 포함한 신조들은 초대 기독교로부터 너무 멀리 떨어져 나왔고, 또한 제도화된 교회에 너무 깊이 빠져 있어서 현 시대를 살아가는 우리에게는 크게 도움이 되지 못한다. 3세기의 세계는 교회가 이끌어가던 교회의 시대였지만 우리 시대는 더 이상 그렇지 않다.

그러므로 초대 기독교 공동체의 특징은 "예수 그리스도는 주님이다"로 정리된다. 모든 사람이 예수 그리스도의 추종자가 되어야 한다는 우선적인 가정이 다른 모든 것에 우선한다. 교회나 기관, 교리를 믿는 것이 아니라 예수 그리스도를 믿는 것이 새 생명의 출발점이다. "예수 그리스도는 주님이다"라는 신조를 고백할 때 성령님께서 동행하셨다. 초대 공동체 교회의 존재 이유는 예수 그리스도였다.

5. 성령님께서 초대 기독교 공동체의 증인들에게 능력을 주셨고, 그들이 나아갈 방향을 인도하셨다. 초대 기독교 공동체에서 예수 그리스도가 영적 순례의 출발점이라면, 성령은 그들의 선포를 뒷받침하는 권능이었다. 공동체의 모든 행위에는 성령 충만함이 있었다. 그들이 "예수 그리스도는 주님이다"라고 증언할 때 성령님께서 통치하셨다.

성령님은 신약성서 공동체에게 기독교인의 삶을 효과적으로 살기 위해 필요한 영적인 은사들을 주셨다.[25] 또한 사람들이 모일 때 성령님께서는 비기독교인이 하나님의 현존을 깨닫게 하기 위해 은사를 사용하도록 인도하셨다(고전 14:25).

성령의 임재는 그리스도를 따르는 사람이 영적으로 성장하도록 이끌 뿐만 아니라, 교인 수를 증가시키는 역할도 담당한다. 신약성서에서 성령에 대한 문장은 일반적으로 미래 시제로 표현되었다. 이러한 미래 시제 사용으로, 초대교회는 항상 새로운 영역의 사역으로 나아가도록 자극받았다. 오순절 다락방 사건은 이 가운데 가장 주목할 만한 사건이다. 성령이 제자들에게 부어지자마자 더 많은 사람들이 그리스도께 자신의 삶을 드리는 현상이 나타났다(행 2:41, 47). 성령님은 제자들이 다락방을 나와 세상 속으로 들어가도록 만드셨다. 오순절 날 성령은 교회에 능력을 주어 처음으로 교회 밖을 향한 사역을 하게 했다. 이 사역은 "예수 그리스도가 주님이다"라고 선포하는 것이었다.

우리는 베드로의 오순절 설교를 통해 성령님에 대한 초대 기독교인의 최초의 반응을 알 수 있다. 예수님은 구약 예언의 성취다. 그는 육신을 입으셨고 죽었다가 부활하여 하나님의 오른편으로 올라가셨다. 그 후 예수님께서(하나님이 아니라) 성령을 부어주셨다. 하나님은 예수님을 주인(Lord)이자 구원자(Christ)가 되게 하셨다. 이로써 사람들은 회개하고 예수 그리스도의 이름으로 세례를 받으며 죄를 용서받고 성령을 받았다. 주님은 3,000명의 믿는 자를 더하셨다. 이들은 교제를 즐거워하고, 함께 먹고 기도하면서 그리스도를 기억하고, 공동체 교회를 위해 공동의 사명을 발전시키고 서로의 집을 오갔으며, 기쁜 마음으로 하나님의 복음을 전파했다. "주께서 구원받는 사람을 날마다 더하게 하시니라"(행 2:47). 이것이 1세기의 기독교다. 오늘의 세상에는 이런 형태의 교제가 필요하다.

6. 초대 기독교 공동체 교회가 예수 그리스도의 증인이 되는 사명에 초점을 맞출 수 있었던 것은 기도 덕분이다. "저희가 한 마음으로 전혀 기도에 힘쓰니라." 이 구절은 1세기 기독교인들이 가진 예수 그리스도만을 향한 열정을 보여준다. 이들이 가진 한마음, 혹은 같은 마음의 대상은 예수 그리스도였다. 예수님께서 제자들에게 온 세상에 가서 증인이 되라고 말씀하셨다(행 1:8). 그러고는 제자들이 스스로를 돌보도록 한 뒤 예수님은 떠나셨다. 그들은 머물고 있었던 다락방으로 돌아가서 도전을 견뎌낼 능력을 얻기 위해 "마음을 합하여" 기도했다. 그들은 주님께서 요청하신 것을 행할 힘을 얻기 위해 기도했다. 그들은 또한 수가 더해지기를 바라며 가룟 유다를 대신할 사람을 위해 제비를 뽑았다(행 1:16~26). 그들은 다가올 순례를 준비하고 있었다. 이것은 그리스도와 함께 순례를 시작할 힘을 얻기 위해 기도해야 함에도 불구하고 오히려 자신들의 생존을 걱정하면서 다락방에 앉아 있는 오늘날의 교회에게 보여줄 수 있는 멋진 예다.

7. 초대 공동체 교회의 지도력은 그리스도를 향한 신실한 봉사에 근거했다. 지도력은 섬김(servanthood)으로 정의되었다. 직분이 중요하지 않았다. 권위는 지식의 수준으로 결정되는 것이 아니라 삶의 방식을 통해 얻는 것이다. 신뢰와 존경은 타인에 대한 섬김을 통해 나타난다.

초대교회에서는 개인의 영적인 은사가 중요했다.[26] 형식적인 교회 구조가 존재하지 않았던 초대교회는 성도들에게 교회의 특정 요구 사항을 따르라고 권하기보다는 하나님께서 주신 은사를 발견하라고 권장하였다. 목사는 사람의 필요를 채우기 위해서가 아니라 그리스도의 몸을 세우기 위해 "성도들을 훈련"시켰다(엡 4:12).

신약 시대의 교회에는 적어도 25가지 영적인 은사가 있었다. 이 가운데 하나 혹은 그 이상의 은사 증거를 보이는 사람은 지도자로 선출되었다. 기관에서 수여하는 자격증 같은 것은 존재하지 않았다.

기독교 공동체 교회의 교인들은 서로에 대한 공동 책임의식이 있었다.[27] 새 생명을 받은 사람은 그리스도 몸의 유익을 위해 자신의 독자성과 개인적인 권리를 포기했다. 사람들은 공동선에 봉사함으로써 성취감을 얻었다. 모든 이들은 각기 그리스도의 몸 안에서 자신의 위치를 찾아갔다. 사람들은 서로의 짐을 나누어 졌다. 공동선이 개인적인 권리보다 우선시되었다.

8. 초대 기독교 공동체 교회는 자립교회였다. 보조금을 받은 교회에 대한 기록은 오직 한 곳뿐이다. 바울은 두 번째 여행에서 예루살렘 교회를 위한 헌금을 모았다. 아이러니한 것은 보조금을 받은 유일한 교회가 초기에 바울의 선교를 반대했던 그 교회라는 사실이다. 바울이 할례 받

지 않고도 하나님의 은혜를 체험할 수 있다고 주장하자 예루살렘의 지도자 중 몇몇이 바울을 안디옥에서 소환하여 설교를 중단하라고 요구했다. 왜냐하면 바울의 주장이 자신들의 전통을 파기하기 때문이었다. 이 문제는 타협으로 일단락되긴 하지만, 예루살렘 교회가 자신의 전통만을 고집한 나머지 그 중심성과 힘이 약화되고 있었다는 사실은 주목할 만하다.[28]

신약 공동체 교회와 오늘의 교회를 비교하면 다음과 같다.[29]

	신약성서 공동체	오늘의 교회
위치	집집마다	고정된 장소
규모	작고 친밀, 소모임	대규모, 비인간적
제자훈련 방법	입에서 나오는 말	강의, 필기
후원	서로를 세워준다	목사를 찾는다
지도자의 임무	사역을 위한 훈련	프로그램 계획
기도생활	조직적이고 일상적	한정되고 선택적
목회자의 역할	제자도의 모범	좋은 교훈 설교
평신도의 역할	섬김	참석
핵심 단어	제자 삼으라	와서 우리와 함께 성장하라
가르침	성서 적용	교리적인 신념
의무	하나님 나라의 확장	교회의 확장
인식	하나님의 은사 실현	교회의 직분 고수
평가	어떻게 봉사하는가	무엇을 아는가
스태프	내부의 봉사자들	전문가
책임	모든 사람에게	아무도 이 역할을 하지 않음

성공으로
가는 길

초대교회의 사례에 근거해 볼 때, 오늘의 교회가 성공으로 가는 유일한 길은 세상으로 눈을 돌리는 것이다. 지도자는 태도를 바꾸어야 한다. 지도자는 교인들이 자기 자신을 바라보기보다 세상을 바라보도록 만들어야 한다. 기독교인은 타인이나 타인의 가치를 판단하려 하지 말고 그리스도가 주님이라고 세상에 외쳐야 한다. 우리 시대의 가장 큰 도전은 사회정의에 대한 우리의 열정을 지키면서 편협하지 않은 마음으로 신앙의 본질적 복음을 회복하는 것이다.

우리는 광신도가 되지 않으면서도 예수 그리스도를 주님이라고 확신할 수 있는가? 기독론적 질문은 하나님께 맡겨두고, 사람들이 예수 그리스도를 통해 하나님과 연결되도록 열정적으로 도울 수 있는가? 그렇게 할 수 있다면, 그것이 가능한 신앙 공동체 교회는 오늘날 어떤 모습일까?

우리가 예수 그리스도의 교회가 되기 위해서는 타인을 위해 존재하는 공동체적 삶을 기꺼이 여기며 살아야 한다. 철저하게 개인주의로 물든 세상에서 이것이 가능할까? 가능하다면, 오늘날의 단결된 공동체 교회는 어떤 모습일까?

예수 그리스도의 교회가 되려면, 우리는 아직 그리스도의 새 생명을 경험하지 못한 이들에게 기꺼이 새 생명을 알리며 살아야 한다. 즉각적인 만족에 익숙해진 오늘날의 사회를 그런 공동체로 만드는 것이 가능할까? 가능하다면 오늘날의 단결된 그리스도 중심 공동체 교회는 어떤 모습일까?

예수 그리스도의 교회가 되려면 우리는 사회를 거꾸로 뒤집고 우리를 문화적 종교에 얽매이게 하는 고정관념(sacred cows)을 제거하기 위해 기꺼이 목숨 바쳐야 한다. 무분별하고 자기중심적인 문화 속에서 완전한 헌신을 기대할 수 있을까? 가능하다면 [신앙이] 철저하고 [서로간의] 나눔이 있으며 [그리스도 중심의] 단결된 오늘날의 공동체 교회는 어떤 모습일까?

5

프로그램 중심 교회의 몰락

현재 북미에서는 역사적 틈새 시대의 양쪽을 대표하는 두 가지 형태의 사역이 있다. 프로그램 중심의 회중 교회는 '과거 시대'를, 소모임 중심의 회중 교회는 '다가오는 시대'를 대표한다. 우리가 틈새로 가까이 갈수록 프로그램 중심 교회의 효과는 감소하고, 소모임 중심 교회의 효과는 높아진다. 소모임 중심의 회중 교회는 현재 비주류에 속하지만 미래에는 건강한 교단을 구성할 것이다.

"셀은 교회 사역의 한 형태가 아니다. 셀이 곧 교회다."

데일 갤로웨이(Dale Galloway)

비주류파는 대부분의 기존 교회와 교회 지도자에게 완전히 낯설고 급진적으로 보이는 패러다임에 기초해서 행동한다. 그들의 행동은 효과적이다. 비주류파가 그리스도를 섬기는 회중 교회는 평신도 간에 서로를 돌보며 예수 그리스도의 종이 되도록 '돌봄의 네트워크'(caring network)와 '훈련 사역'(equipping ministry)을 발전시킨다. 그들의 교회가 성장하는 것은 성장에 대한 열정 때문이 아니라, 성도들이 놀라우리만치 서로를 잘 돌보고 교회 안으로 자신의 친구를 초청하여 합류케 하기 때문이다.

이 책의 5장부터 8장까지는 비주류파 사역의 주요 패러다임을 검토한다. 패러다임을 설명하기 위해 앞으로 몇 사람이 언급될 것이다. '진부한' 프로그램은 더 이상 효과가 없다는 사실을 염두에 두어라. 한 지역에서 효과적이었던 사역이 다른 지역에서는 그렇지 못할 수도 있다.

서로 다른 여러 지역에서 비슷한 성과를 보이는 사역들을 살펴보면 21세기를 위한 패러다임을 발견할 수 있다. 이제부터 그러한 사역이 발견되는 회중 교회를 패러다임 공동체 교회(paradigm communities)라고 명명할 것이다.

패러다임 1 소모임 사역이 프로그램을 대체한다

현재 북미에서는 역사적 틈새 시대의 양쪽을 대표하는 두 가지 형태의 사역이 있다. 프로그램 중심의 회중 교회는 '과거 시대'를, 소모임 중심의 회중 교회는 '다가오는 시대'를 대표한다.[1] 우리가 틈새로 가까이 갈수록 프로그램 중심 교회의 효과는 감소하고, 소모임 중심 교회의 효과는 높아진다.

효과적인 교회 중 많은 경우는 두 형태의 사역을 모두 시행함으로써 틈새의 양면에 모두 매달려 있으려 한다. 앞으로 15년 내에 틈새가 닫힐 때 이 교회들은 틈새 사이에 끼이게 될 것이고, 교회는 심각한 좌절과 쇠퇴를 경험하게 될 것이다. 소모임 중심의 회중 교회는 현재 비주류에 속하지만 미래에는 건강한 교단을 구성할 것이다.

프로그램 중심 교회는 다음과 같은 이유로 쇠락할 것이다. ① 교회를 운영하고 보직자(staff)를 두는 데 많은 비용이 들고 ② 파편화된 세상을 사는 사람들은 탄탄한 공동체적 삶을 원하지만 대부분의 프로그램 중심 교회는 이를 제공하지 못하며 ③ 프로그램 중심 교회는 스스로 세상을 멀리하고 자기들끼리만 지내려 하며, 전도를 억지스럽고 부자연스러운 것으로 만들고 ④ 전형적인 프로그램 중심 교회의 비활동 교인 중 40~50%가 돌봄의 사역을 하는 셀 중심 회중 교회에 지속적으로 흡수될 것이며 ⑤ 프로그램 중심 교회가 훈련 받은 건강한 기독교인을 낳지 못한다는 사실이 이미 역사적으로 입증되었다.

다음의 다이어그램은 두 가지 사역의 기본적인 차이를 보여준다.

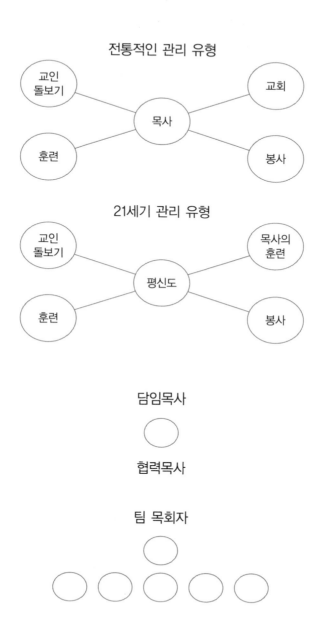

전통적인 관리 유형

교인
돌보기

교회

목사

훈련

봉사

21세기 관리 유형

교인
돌보기

목사의
훈련

평신도

훈련

봉사

담임목사

협력목사

팀 목회자

전통적인 관리 유형은 안수를 받은 정식 목사가 회중 교회를 돌보고 새신자를 모으는 목회적 역할을 수행한다. 21세기 관리 유형에서 목사는 평신도들이 서로 사역하고 그들이 자신의 사역과 복음 전파에 책임을 지도록 훈련하는 역할을 담당한다. 프로그램 중심 교회는 목사가 '주고' 평신도들이 '받는' 구도다. 그러나 소모임 중심 교회는 목사가 [평신도를] '훈련' 시키고 평신도들이 [세상에 나누어] '주는' 구도다. 전자의 유형에서 교회의 성장은 지역의 인구 성장에 크게 의존한다. 후자의 유형에서 교회의 성장은 평신도 훈련과 간증의 효과에 의존한다. 목사가 할 일은 '훈련시키는 것'이고, 평신도가 할 일은 교회 의자에 앉은 구경꾼이 되는 것이 아니라 목사에게 훈련받은 '사제'며 '신학자'로서 활동하는 것이다. 전자의 회중 교회는 냉랭하고 약하며 사람들을 무시하기 십상이다. 후자의 회중 교회는 절대 그렇지 않다. 그것은 사람들을 교회 안에 앉아 있게만 하는 것이 아니라 타인에게 봉사하는 사람이 되도록 만드는 평신도와 성직자 모두를 위한 사역을 하기 때문이다. 이번 장에서는 프로그램 중심 교회에서 소모임 중심 교회로 패러다임이 전환되는 상황 속에서 평신도와 목사의 관계에 대해 알아볼 것이다.

1. 프로그램 중심 교회에서 소모임 중심 교회로의 전환은 북미 기독교 역사상 가장 근본적인 패러다임 변화다. 나의 첫 저서인 「교회 성장 핸드북」(*The Church Growth Handbook*)에서는 예배를 교인의 삶을 위한 첫 벽돌이라고 지칭했다.[2] 이것은 내가 목회하는 동안에는 맞는 말이었으나 이제는 그렇지 않다. 오늘날과 같은 역사의 틈새 시대에는 다양하고 효과적인 소모임 중심 공동체 교회가 프로그램 중심의 회중 교회를 대체한

다.[3]

미국의 패러다임 공동체 교회는 공통적으로 소모임 사역의 실천을 강조한다. 그들은 교회를 세우는 것이 아니라 사람을 세운다. 그들 내부의 사람을 돌보는 네트워크는 구성원들을 매우 잘 보살핀다. 새신자는 자신과 유사한 배경과 필요, 혹은 사명감을 지닌 사람들로 구성된 소모임에 초대된다. 새신자는 단순히 교회에 '등록'하는 것이 아니라, 기존 교인들과 '결속'한다. 공동체 교회는 사람과 그리스도의 관계를 발견하고, 서로간의 관계를 발견하도록 돕는 것을 사명으로 여긴다. 지도자는 프로그램이나 구조적 문제에 초점을 맞추는 것이 아니라, 평신도들이 돌봄의 네트워크 안에서 봉사하는 사람이 될 수 있도록 훈련시키는 데 주력한다. 사도행전 5장 42절은 종종 이러한 사역을 발전시키기 위한 근거로 활용된다. "그들이 날마다 성전에 있든지 집에 있든지 예수는 그리스도라고 가르치기와 전도하기를 그치지 아니하니라."

소모임 사역은 패러다임 공동체 교회의 우선적인 사역이다. 소모임 사역은 많은 사역 가운데 하나가 아니라, 그것을 통해 다른 모든 사역이 이루어지는 바로 그 프로그램(the program)이다. 사람들은 소모임 안에서 지원받고, 양육되며, 훈련받고, 복음화된다.

패러다임 공동체 교회는 전통적인 교회에 비해 '교회 등록'이나 '새신자 교육' 또는 '직분 변화'에 관심을 덜 갖는다. 이러한 용어는, 교회에 등록하지 않은 사람들이 신앙을 약속하고 나면 신앙인으로서의 책임과 의무에 적극적일 것을 당연시 여기는 관점을 다. 패러다임 공동체 교회는 기존 교인의 가치와 목표에 새신자를 결속할 방법을 모색한다. 등록 후 2주일 내에 소모임에 들어가지 못한 새신자는 교회에 잘 나오지 않게 된다는 사실이 이미 알려져 있다.[4] 새신자는 소모임과 의미 있는 관계를 맺을 때 교회에 가장 잘 결속된다. 새신자에게는 교회 등록 여부보다 사람들과의 관계가 더 중요하게 여겨지기 때문에 소모임을 통해 보다 쉽게 교회 안에서 자신의 위치를 획득하게 된다. 지도자들도 새신자 교육을 마친 사람들이 모두 소속 교인이 되는 것은 아니라는 사실을 잘 안다.

소모임 사역은 프로그램 중심 회중 교회에서 목사가 담당한 전통적인 역할의 대부분을 수행한다. 예를 들어 누군가가 상담을 하러 왔다면, 목사는 그의 이야기를 다 들은 뒤 그를 사무실에서 기다리게 하고, 적절한 소모임 지도자들 가운데 한 명에게 전화를 걸어 그를 그 모임에 맡긴다. 45분 정도 걸리는 이 과정 후에는 목사가 그 사람을 다시 도와줄 필요가 없어진다.

소모임을 통해 복음이 전파되고, 소모임을 통해 새신자가 교회에 적응한다. 소모임 구성원은 자신의 모임에 믿지 않는 친구들을 참여하도록 권면한다. 새신자는 교회에 등록한 그 주에 벌써 소모임에 참여한다. 소모임에 속하지 않은 채 교회에 오래 다닌 교인보다 소모임에 속한 새신자가 교회에 대하여 더 잘 알게 되는 것은 이상한 일이 아니다.

패러다임 공동체 교회에서 가장 잘 알려진 소모임의 유형이 다음과 같이 있다. 책임감이 강한 제자모임(discipleship groups)은 약 10%의 사람에게 영향을 미친다. 단기간 성경공부를 하는 성약모임(covenant groups)은 약 30~40%의 사람에게 영향을 미친다. 보다 많은 훈련과 준비 시간이 필요한 지원과 회복모임(support and recovery groups)은 약 60%의 사람에게 영향을 미친다. 각각의 모임은 보통 매주 열린다.

소모임 사역은 단기 사역일 수도 있고(예: 샌디에이고 근처의 그린밸리복음교회[Green Valley Evangelical Church]) 장기 사역일 수도 있다(예: 오리건 주 포틀랜드의 새소망공동체교회[New Hope Community Church]). 교회에서 교인을 지명하여 셀을 만들기도 하고(예: 일리노이 주의 윌로우크릭교회[Willow Creek Church]), 교인이 자신의 셀 모임을 직접 선택하게 하는 교회도 있다(예: 새소망공동체교회).

세 가지 유형의 소모임은 대형 교회와 소형 교회에서 모두 효과적이다.

북미에서 가장 성서적이고 효과적인 소모임 사역은 셀 중심의 사역이다. 이 유형은 이집 저집 옮겨 다녔던 개인적 기독교 공동체 교회인 신약 시대의 교회에 기초한다. 셀은 사람들의 모든 기본적인 영적 필요를 충족시킨다. 셀이 교회의 일부인 것이 아니다. 셀이 곧 교회다. 셀은 교회를 이루는 기본 단위다. 교회와 보직자의 모든 일이 셀 사역을 중심으로 이루어진다. 모든 것은 셀을 위해 존재하고, 셀에 의해 움직이며, 셀의 생명을 강화시킨다. 하나의 셀이 새로운 셀을 낳을 수 있도록 훈련과 권면을 통해 복음 전파가 가능하다. 셀의 생명과 사역에 필적할 것이 없다. 셀을 이끄는 사람과 셀 사역 지도자를 훈련시키는 사람에게도 필적할 것이 없다. 셀 중심 공동체 교회는 각 구성원이 자신의 영적 은사를 발견하도록 돕고 격려한다. 이러한 패러다임 변화는 너무 크기 때문에 진정한 셀 중심 공동체 교회가 되기 위해서는 셀 모임이 두세 세대가량 증식하고 나서야 가능하다.

셀 구성원은 서로를 돌보는 한편, 신앙 없는 친구들을 모임에 초대한다. 한 모임의 수가 10명에서 15명가량으로 성장하면, 새로운 셀을 만들어 증식한다. 따라서 각 셀은 항상 나중에 그 셀을 떠나 다른 셀을 만들고 이끌어 갈 사람을 한 명 이상 훈련시켜야 한다. 셀의 구성원이 15명이 되기 전에 셀을 증식함으로써 늘 같은 이야기와 같은 요구, 같은 돌봄 속에 셀이 정체되지 않도록 한다. 전도가 셀 활동의 중심이 되어야 한다. 셀 사역은 또한 기독교인이 비기독교인과 괴리되지 않았다는 사실도 확인하게 해준다.

북미 최상의 셀 중심 모델 사례는 데일 갤로웨이(Dale Galloway) 목사가 담임하는 오리건 주 포틀랜드의 새소망공동체교회다.[5] 이 교회는 "유익한 것은 무엇이든지 공중 앞에서나 각 집에서나 거리낌이 없이 여러분에게 전하여 가르치고"라는 사도행전 20장 20절에 근거한다.

갤로웨이 목사는 처음에 셀 사역을 좀 더 전통적인 구조와 혼합하려 시도했으나, 곧 프로그램 중심으로 회중 교회를 세우는 동시에 사람들을 세울 수는 없다는 사실을 깨달았다. 그는 두 가지를 다 할 시간과 힘이 없었다. 그가 처음 한 일은 보직자에게 목사(Minister)의 칭호가 구역 지도자(Zone Leader)로 바뀐다는 사실을 알리는 일이었다. 각 보직자는 새소망교회의 한 부분이 아닌 포틀랜드 지역의 특정 구역을 맡았다.

갤로웨이 목사는 이 도시를 여러 구역으로 나누어 한 구역당 한 명의 보직자를 배치했다. 갤로웨이 목사는 '셀 지도자'를 훈련시킬 수 있는 '평신도 목회자'를 개인적으로 양성했다. 매주 포틀랜드 전역의 사람들은 TLC(Tender Loving Care, 부드러운 사랑의 돌봄)라 불리는 여러 소모임으로 모인다. 덕분에 새소망공동체교회의 예배에는 1992년 평균 6,000명 이상이 참석하게 되었고, 주중 셀 모임에는 평균 5,500명의 사람들이 참여하게 되었다.

소모임 사역의 셀 중심 개념은 교회 내 '많은 프로그램 중 하나'가 아니다. 셀이 곧 기독교 교회의 기본적인 공동체다. 새소망교회의 삶의 방식이 셀이다. 모든 것은 소모임 사역을 중심으로 움직인다. 목사는 셀 지도자를 훈련시킬 평신도 지도자를 양성하는 데 대부분의 시간을 보낸다.

셀은 7명 내지 15명 사이로 유지된다. 셀은 치유, 양육, 후원, 복음 전파 등에 힘쓴다. 셀이 모이는 이유는 관심사 공유, 교제, 선교, 혹은 단순히 지리적인 이유 등 다양하다. 새소망교회의 셀 모임은 '지원'(support)과 '양육'(nurture)으로 나뉜다. "지원모임은 가장 쉽게 행할 수 있는 모임이므로 누구나 할 수 있다"[6]고 갤로웨이 목사는 말한다. 양육모임은 건강한 독신자와 가족을 위한 것이다.

각 셀은 6개월마다 한 가족씩 그리스도에게 인도하도록 권면한다. 새소망교회 평신도 목회자의 90%는 매주 한 명씩 그리스도에게 인도하고, 이들이 인도하는 사람의 80%는 교회를 알지 못하는 사람들이다. 모든 셀은 하나님을 예배하기 위해 일주일에 한 번씩 모인다.

새소망교회 교인의 약 50%는 소모임 사역에 참여하지 않는다. 갤로웨이 목사는 이들을 위해 "전화 돌봄 사역"(telecare ministry)을 개발했다. 훈련된 평신도 목회자들이 8주에 한 번꼴로 전 교인에게 전화를 걸어 교회가 도울 일이 있는지 살핀다.[7]

"메타교회"(meta church)는 위의 셀 모델과 매우 유사한 효과를 보인다.[8] 메타 모델의 조직적 원리는 광야에서 이드로가 모세에게 천부장과 백부장 등을 세우라고 권고한 것에 있다(출 18장). 칼 조지(Carl George)는 이렇게 말한다. "메타수학은 이와 같다. 당신이 한 조직을 10명씩 나눌 수 있다면, 10명씩 조직된 수많은 사람들을 이끌 수 있다. 그러나 당신이 조직을 100명씩 나눈다면, 수많은 사람들로 인해 숨 막히게 될 것이다."[9]

돌봄의 네트워크는 기본적으로 두 층으로 나뉜다. 한 가지는 예배를 위해 모든 셀과 전 성도가 모이는 "집회(대예배)"(celebration)다. 다른 한 가지는 10여 명으로 구성된 셀 모임이다. 셀은 교회의 가장 기초적인 유기체 단위다. 셀은 돌봄, 성경공부, 기도, 의무, 사역 등을 수행한다. 이상적인 셀은 셀 목회자, 팀 목회자, 공부하는 사람, 빈 의자(새신자가 올 수 있는 자리), 제자 훈련 중인 사람들, 특별한 보살핌이 필요한 사람을 관리하도록 훈련된 사람, 환대해 주는 사람, 아이 돌봐줄 사람, 차세대 셀을 이끌기 위해 준비 중인 사람으로 구성된다.

떠오르는 많은 셀 중심 교회에서는 셀 모임과 집회 사이에 또 하나의 층이 있다. 이것은 준집회(예배)로서 셀 모임보다는 크고 집회보다는 작은 규모의 모임을 말한다. 공동의 목적이나 필요를 위해 모이는 준집회는 교인들이 셀에 참여할 수 있는 통로가 된다. 전통적인 교회에서는 이와 같은 준집회가 사역의 기초였지만 메타교회에서는 선택사항이다.

다음의 그림을 보라. 한 명의 보직자(협력목사)는 10명씩 구성된 50개의 셀을 책임진다. 보직자는 5명의 평신도(팀 목회자)를 훈련시켜 이들이 각 10명으로 구성된 5개의 셀을 돌보도록 한다. 팀 목회자는 5개 셀의 지도자(셀 목회자)를 훈련시킨다. 각 셀에서는 차기 셀의 지도자가 양성된다. 준집회가 있을 경우 교회 지도자들이 준집회를 관리한다.

셀 모델

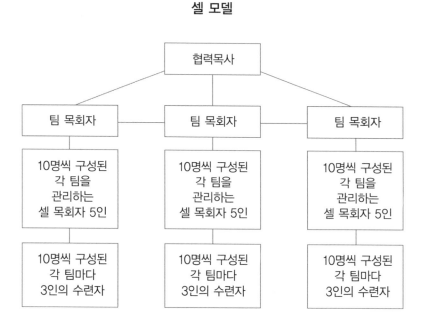

한 달에 한 번꼴로 모든 셀 목회자와 팀 목회자, 협력목사가 모여 세 층위로 이루어진 하나의 목적을 위해 기도한다. 담임목사는 선발된 지도자들에게 사역의 비전을 전한다. 셀 목회자와 각 지도자는 팀 목회자와 함께 기도와 나눔과 후원을 위해 모인다. 이 모임에서 참여자들은 일반적인 목회 방법과 특수한 목회 방법을 배우고 훈련한다.

메타모델은 100명 단위가 아니라 10명 단위로 돌봄의 사역을 위해 조직되어 있으므로 교회의 크기에 무관하게 유용하다. 이 모델은 사역을 행할 수 있을 정도의 충분한 크기면서, 1명의 담당자가 충분히 돌볼 수 있는 규모다. 이 모델의 조직 원리는 교회가 성장해도 바꿀 필요가 없기 때문에 교회 성장에 걸림돌이 되는 많은 장벽을 쉽게 돌파하도록 해준다. 사람들이 소형 교회에 기대하는 것과 같은 돌봄의 사역을 강화하는 한편으로 교회의 규모를 원하는 만큼 확장시킬 수 있다. 칼 조지는 주일학교가 있는 교회의 경우 주일학교를 "셀을 먹여 살리기 위한 낚시도구"로 여겨야 한다고 제안한다.

오하이오 주 팁 시티에 있는 깅햄스버그연합감리교회(Ginghamsburg United Methodist Church)는 최근 10년 사이에 큰 성장을 이루기 전까지는 죽어가는 시골의 작은 교회에 불과했다. 1992년 재적수는 700명이고 평균 예배 참석자 수는 90명이었다. 그러나 12년 만에 평균 예배 참석자 수가 1,200명으로 성장했다. 교인 수가 급격히 늘어나자 기존 교인과 새신자 사이의 동화와 교감의 문제, 새신자 양육과 훈련 등과 같은 문제점이 생겨났다. 깅햄스버그교회는 이와 같은 도전을 무시하지 않고, 오히려 메타모델인 "성약 네트워크"(Covenant Network)를 발전시켜 대응했다. 성약 네트워크의 궁극적인 목적은 그리스도의 몸을 구성하는 사람들의 성품과 섬김이 그리스도를 더욱 닮아가도록 훈련하는 돌봄과 양육의 환경을 제공하는 데 있다. 이로 인해 현재(1993년) 성인 930명이 소모임에 소속되어 있다.[10] 마이크 슬로터(Mike Slaughter) 담임목사는 교회의 갱신에 대해 다음과 말한다.

"저는 참된 갱신이 기술보다는 신학과 관련 있다고 믿습니다. 그것은 교회를 조직적인 것이 아니라 유기적인 것으로 이해하는 것입니다. 사람들을 교회로 끌어 모으는 데는 프로그램이 유용하지만, 깊은 영적 움직임이 없다면 아무도 교회에 남아 있지 않을 것입니다."11)

킹햄스버그교회의 셀 목회와 수련자는 한 달에 두 번씩 감독자인 팀 목회자를 만나고, 팀 목회자는 협력목사(보직자)를 만난다. 이와 같은 구조는 그동안 보직자가 홀로 맡아왔던 돌봄의 짐을 덜어주고 모든 교인을 돌봄의 네트워크 안에 포함되게 하여 더 많은 사람을 더 효과적으로 돌볼 수 있게 한다.

셀 중심 사역은 다음의 세 가지 요인을 만족시킬 때 성공할 수 있다. 첫째, 평신도는 자신에게 맡겨진 역할에 동의해야 하고, 보직자가 교회 운영과 관련해 내리는 결정을 기꺼이 따라야 한다. 둘째, 평신도는 목사에게 돌봄 받기를 기대하기보다는 다른 평신도가 자신을 돌봐주는 것을 기껍게 여겨야 한다. 셋째, 목사들은 대부분의 시간을 사역을 위한 평신도를 훈련하는 데 보내야 한다. 그러고는 그들에게서 한발 물러남으로써 훈련받은 평신도들이 진정으로 교회의 사역자가 될 수 있게 해야 한다. 평신도와 목사 모두 교회 안의 권력을 포기해야 한다. 평신도는 교회를 운영하는 목사와 보직자를 신뢰해야 하고, 목사는 서로를 돌보며 사역하는 평신도를 신뢰해야 한다. 이 사역은, 사람들을 돕기보다는 제도적 장치를 이용하여 교회를 쥐락펴락하는 데 더 많은 관심을 갖는 기능장애 상태에 있는 목사와 평신도에게는 매우 위협적인 모델이다.

많은 셀 사역이 이미 아이들과 청소년을 위한 모임을 발전시키는 데까지 성숙했다. 이 모임은 '선생' 과 '학생' 으로 이루어진 것이 아니라 '지도자' 와 '구성원' 으로 이루어진다. 그들은 서로를 위해 기도하는 법을 배운다. 성인 지도자들은 젊은이들을 가르치는 것은 물론 그들에게 소속감을 심어주기 위해서도 애쓴다. 인간관계와 관련된 부분이 중요하다. '머리의 지식' 과 반대되는 '삶의 지식' 이 나타나야 한다. 아이들은 셀에 새로 들어오는 아이들을 책임진다. 셀 인원이 12명이 되면 새로운 셀을 시작한다. 각 셀은 다음 셀을 위한 차기 셀 지도자를 양성하여 어린 나이에도 책임감을 기르도록 돕는다.

셀 중심 사역의 다음 세 가지 측면은 쇠락하는 교회나 정체되어 있는 교회를 갱신할 수 있는 요소를 제공한다. 첫째, 셀은 교회의 크기와 상관없이 효력을 발휘한다. 교인 수가 중요한 것이 아니라 돌봄의 수준이 중요하다. 높은 수준으로 돌봄을 받은 사람은 그 모임을 자신의 친구들에게 권할 것이다. 따라서 소모임 사역은 성장할 수밖에 없다.

둘째, 교회가 성장하게 되더라도 교회의 조직과 목사의 지도 방법을 갱신할 필요가 없다. 프로그램 중심 교회의 경우 교회의 규모가 커지면 목사는 교인들의 구미에 맞게 목회 방법과 기술을 바꿔야 했다. 어느 순간 목사는 교인을 일대일로 목회하는 것이 아니라 특정한 부류의 사람을 대상으로 목회하고 있는 자신을 발견한다. 시간이 지나면, 그 교회는 목사와 교인이 일대일로 상대할 수 있는 정도의 소규모로 위축될 것이다. 그렇지 않다면 목사가 외로움을 느끼거나 열정을 잃게 될지도 모른다. 그러나 셀 중심 교회는 조직이나 목회 방법을 바꿀 필요가 없다. 셀이 곧 교회 조직이고 목사는 항상 셀과 밀접한 관계를 맺고 있기 때문에, 예배만 드리고 사라지는 평신도가 없어질 것이다.

셋째, 셀 중심 공동체 교회는 프로그램 중심 회중 교회보다 운영비가 적게 필요하므로, 더 많은 재정을 사역과 선교에 사용할 수 있다. 프로그램 중심 교회가 성도들을 잘 보살피고 비기독교인에게 다가가기 위해서는 교인 100명당 1명꼴로 프로그램 지도자를 두어야 한다. 그러나 셀 중심 교회는 예배 참석인원 300명 내지 500명당 목사 1명씩, 혹은 (그 목사를 포함하여) 프로그램 지도자 1명씩 있으면 된다.

셀 중심 사역을 오래 연구한 랄프 네이버(Ralph Neighbor)에 따르면, 프로그램 중심 교회에서 셀 중심 교회로 바꾸는 데 보통 5년 내지 7년이 걸린다.[12] 이와 같은 변화를 원하는 교회는 적어도 다음의 여섯 가지 요소가 필요하다: 목사와 평신도가 사역을 이해하고 실천하는 방법의 방향 수정, 철저한 구조 개혁, 새로운 가치 채택, 사역 상황에 대한 이해와 관계 능력 개발, 믿음과 기도 활용, 영적인 은사를 주시는 성령의 역할 발견.

교회 규모를 확장하기 위한 목적으로 구조 변화를 꾀하는 교회는 셀 중심 교회로 바뀌지 못한다. 셀 중심 공동체 교회의 목적은 소규모의 효과적인 돌봄을 강조하여 힘 있는 기독교인을 양성하는 데 있다. 이러한 교회는 일반적으로 기도와 영적인 은사를 진지하게 여기는 보수적인 성향을 보인다. 그리고 내가 지금껏 보아온 모든 경우, 담임목사는 성도들을 이끄는 강한 영적 권위자다.

오하이오 주 폴란드에 위치한 폴란드연합감리교회(Poland United Methodist Church)는 이와 같은 변화를 시도하여 지금까지 훌륭한 결실을 맺고 있다. 1991년 교회의 변화가 시작되었을 무렵, 평균 교인 수는 재적 700명, 출석 265명, 주일학교 100명이었다. 데일 터너(Dale Turner) 목사는 나와 상담 후 교인 중에서 권면의 은사나 예언의 은사를 받은 20명을 뽑는 것을 시작으로 서서히 변화를 꾀했다. 이 20명의 평신도는 정해진 구역을 담당하는 평신도 지도자가 되기 위해 1년 동안 매주 45분의 훈련을 받기로 했다. (이는 셀 중심 사역의 원리 가운데 하나를 깨는 것이긴 해도 출발점으로 삼을 만하다. 사실 1년이라는 훈련 기간은 훈련 받는 입장에서 상당히 긴 시간이다.) 20명은 각각 자신이 훈련시킬 사람을 두세 명씩 모아 하나의 팀을 만들었다. 각 팀은 서로간의 양육과 교제를 위해 매달 모임을 갖는다.

또한 각 성도가 받은 다양한 영적 은사를 사용할 수 있는 여러 사역 모임을 만들었다. 심방 모임, 병원심방 모임, 집이나 병원 밖으로 나올 수 없는 사람을 위한 사역 모임, 인터넷 사역 모임, 전화 돌봄 사역 모임, 전도 모임, 성경공부 지도자 모임, 그리고 예배를 돕는 사람들의 모임 등이 포함된다.

전화 돌봄 사역이란, 연속 3회 이상 예배에 참여하지 않은 교인에게 전화를 걸어 안부를 물어보는 사역을 말한다. 목사는 전화를 거는 사람들을 훈련하여 결석 교인을 돌보는 동시에 그들을 위한 사역에 도움이 될 만한 정보를 모으게 한다.

폴란드연합감리교회는 이 모델을 사용하여 철저한 변화를 이루었다. 교회는 오랜 침체기를 벗어나 1년 만에 예배 출석 300명, 주일학교 175명으로 성장했다. (연합감리교회의 지도자들이 목사를 이임시키기 전에 그들이 시도한 변화가 효력을 낼 만큼의 충분한 시간을 주었는지 살펴보는 일도 필요하다. 목사를 단기파송 하는 순회목사 방식[감리교의 itinerant system]은 효과적인 셀 중심 사역에 방해가 된다.)

패러다임 변화는 성직자와 평신도에게 가장 어려운 과제가 될 것이다. 목사는 이와 같은 변화를 위해 기꺼이 '목회자'가 아니라 '훈련자'가 되어야 하고, 미처 알지 못했던 사역 유형이 있다는 것을 인정해야 하며, 사역을 수행하는 평신도를 신뢰해야 한다. 이러한 변화는 우리가 사역에 대해 알고 있는 모든 것을 바꾸어 놓는다. 평신도는 사역이 '직분을 유지하는 일'이 아니라 '타인을 섬기는 일'임을 이해해야 하고, 교회 안에서의 자신의 권력과 힘을 포기해야 하며, 아직 예수 그리스도를 알지 못하는 사람들을 섬기기 위해 존재해야 하고, 자신들은 사역을 하는 사람이고 목사는 '교회를 운영'하는 사람임을 인정하고 받아들여야 한다.

효과적인 소모임 사역의 두 번째 모델은 사역 팀 모델이다.[13] 캘리포니아 주 샌디에이고의 칼리지애비뉴침례교회(College Avenue Baptist Church)는 다양한 사역 팀에서 활동할 사람들을 모집한다. 팀 활동을 통해 직분을 얻기 위한 사람을 모집하는 것이 아니라 다른 사람들을 돕는 '봉사'를 할 사람들을 모집하는 것이다. 팀은 해당 지역의 필요에 따라 다양하게 구성된다.

효과적인 소모임 사역의 세 번째 모델은 지원과 회복 모임 모델이다. 아직은 복음을 듣지 못했지만 곧 복음을 들을 것으로 예상되는 사람들이 이 모임에 참여한다. 본 교회 교인 중 훈련받은 평신도가 모임의 지도자가 된다.

이 사역은 애리조나 주 글렌데일의 기쁨공동체교회(The Community Church of Joy)에서 이루어지고 있다. 지원과 회복 모임에 참여하는 사람의 70%는 교회 밖에 있는 사람들이다. 그 중 30%가 교회에 입회하게 된다. 이 교회에서 제공되는 모임으로는, 치유와 이해 모임, 익명의 알코올 중독자 모임, 3-D모임(Diet, Discipline & Discipleship, Divorce Recovery. 다이어트 모임, 훈련과 제자 모임, 이혼자 치유 모임을 말함), 익명의 가정 문제 모임(마약이나 행동장애와 관련됨), 과거의 상처 치유 모임, 익명의 상호의존 모임, 신체 부자유자의 배우자 모임, 구직자 후원 모임, 익명의 근친상간 피해자 모임, 가정폭력 피해자 회복 모임, 엄마들의 모임, 섹스 중독 극복 모임, 노인 돌보기 모임이 있다. 기쁨공동체교회는 북미 대형 교회 중 하나다.

이와 유사한 모델이 캔자스 주 위치타의 센트럴공동체교회(Central Community Church)의 독신자 사역에서 활용된다. 매주 화요일 저녁 도시 전역의 독신자 100여 명이 소모임의 일종인 스모가스보드(스칸디나비아식 뷔페의 일종)에 참여하기 위해 모인다. 이들 가운데 50%는 교회 밖의 사람들이다. 독신자들을 위해 제공되는 다른 모임으로, 알코올 중독자가 있는 가족 모임, 가정에 신체 부자유자가 있는 사람 모임, 슬픔을 당한 사람 모임, 빈곤자 구제 모임, 약물남용자 모임, 이혼자 모임, 미혼모 모임, 성경공부 모임, 가정과 스트레스 회복 모임, 배구 모임, 다이어트 모임이 있다.

북미의 많은 교회는 도처에서 일어나는 소모임 사역에 많은 관심을 보인다. 프로그램 중심 교회를 셀 중심 교회로 변화시킬 때 겪는 어려움을 돕기 위한 목적에서 '북극성 작전'(North Star Strategies)이 시행되었다.[14] 「셀 교회」(Cell Church Magazine)는 셀 중심의 회중 교회를 돕는 데 유용한 정보가 담긴 잡지다.[15] 1993년 스테판 미니스트리(the Stephen Ministry)는 소모임 사역을 조직하려는 교회를 돕기 위해 "개혁의 파트너"(Pioneer Partners)라는 시범 프로젝트를 수행했다. 셀 중심 회중 교회에 나타나는 현상을 깊이 있게 연구한 책으로는 랄프 네이버의 「셀목회 지침서」(Where Do We Go from Here?)[16], 칼 조지(Carl George)의 「성장하는 미래교회 메타교회」(Prepare Your Church for the Future), 데일 갤로웨이의 「20/20 비전」(20/20 Vision)이 있다.

지금까지 살펴본 모든 모델은 다음과 같은 엄청난 잠재력이 있다: 교회 성장보다 각 교인에 대한 돌봄을 강조하고, 교회의 규모에 제한되지 않고 적용 가능한 모델을 제공한다. 한 명의 목사가 100명 이상의 교인(성장하는 전통 교회의 평균 교인 수)들을 효과적으로 돌볼 수 있게 하고, 곧 다가올 성직자 부족 현상을 극복하게 한다. 목사의 설교 능력보다 교인에 대한 돌봄을 강조함으로써 교회 성장의 가장 큰 장벽인 '예배 참석 인원 1,000명'을 돌파할 수 있게 한다. 그러므로 이 모델들은 교회의 재정이 감소하고, 성직자 수가 줄어들고, 평신도가 소외되고, 교회에 적대적인 이 시대에 매우 유용하다.

교회의 사역을 소모임에 맞추는 것은 교회에 근본적인 변화를 불러온다. 다음을 생각해 보자.

2. '평신도 길들이기'와 '평신도 주변화'는 끝났다. 지난 수십 년 동안 성직자가 성도의 삶을 지배해 왔다. 교회의 여러 일을 하는 데 시간과

힘, 돈을 바친 평신도들은 마치 가정에서 기르는 동물처럼 여겨졌다. 그러나 패러다임 공동체 교회 안에서 평신도의 성서적 역할이 재발견 된다. 평신도의 사제적 역할이 제도적으로 훈련받은 전문 성직자를 대신하기 시작했다. 이제는 평신도가 교인을 돌보고 양육한다. 교회에서 월급을 받는 목회자는 사회에서 평신도가 다른 사람들에게 새 생명을 전달할 수 있도록 훈련하고 돕는 일을 맡는다.

성경은 모든 기독교인이 하나님의 제사장이기 때문에 화합할 의무가 있다고 가르친다(벧 2:1~5). 성경에는 사역자가 성직자에게 국한된 말이라고 되어 있지 않다. 초기 기독교인들은 사역자로 부름 받은 사람들이다.

위르겐 몰트만(Jürgen Moltmann)은 새롭게 변화된 기독교에서 평신도의 역할을 다음과 같이 분명하게 말한다.

"교회의 회복은 결국 평신도 차원에서 어떤 일이 일어나는가에 달려 있다. 또한 이 수준에서는 평신도들이 자신에게 주어진 성령의 은사를 의식적으로 사용할 것으로 기대한다. 신약성서에 등장하는 은사들은 언제나 하나님 나라에 대한 징표다. 은사는 사람들이 하나님을 위한 사역에 봉사(diakonia)하도록 주어지는 것이다."[17]

3. 훈련받은 평신도가 목사안수 받은 성직자를 대신한다. 패러다임 공동체 교회는 목사안수 받은 성직자의 역할을 재정의한다. 성직자는 더 이상 목사안수를 받은 '특별한 사람'으로 여겨지지 않는다. 목사를 구할

때에는 지원자의 학교 졸업장을 고려하기보다는 타인에게 신앙을 나누어 줄 수 있는 능력과 열정을 지녔는가를 고려해야 한다.[18] 평신도의 사역이 목사안수보다 더 중요하다. 성직자는 이미 존재하는 것을 유지하기 위해 일할 것이 아니라 하나님 나라를 확장시키기 위해 일해야 한다. 앞으로 직업 목사에 대한 교회의 만족도와 목사 스스로의 만족도가 계속해서 하락할 것이고, 이로 인해 직업 목사는 실망하게 될 것이다. 목사안수를 받은 성직자가 안수를 받지 못한 사람보다 우월하게 여겨지던 시대는 종식되었다.

나는 우리 교단의 재건위원회에서 일하면서 깨달은 바가 있다. 평신도와 성직자가 동수로 구성된 위원회는 감독의 잦은 부재로 인해 상임 CEO가 협회를 관리할 필요가 있다는 결정을 내렸다. 평신도 위원들은 그 자리를 분란의 소지가 있거나 개인의 능력과는 별도로 월급을 받는 성직자에게 맡기기보다는 평신도가 담당하기를 원했다. 평신도의 눈에도 '성직자 간 유착현상'이 보였으며, 성직자들이 교회의 필요보다는 개인적 필요를 우선시하는 것으로 비춰졌기 때문이다.

4. 평신도는 교회 안의 이러저러한 직분을 고수하기보다 영적인 은사를 개발하도록 권면된다.[19] 대부분의 교회는 제도적 교회에 유익한 방향으로 미리 결정된 직책과 역할을 새신자에게 맡긴다. 패러다임 공동체 교회가 평신도 사역에 접근하는 방식은 그렇지 않다. 패러다임 공동체 교회는 사역에 대한 기본적인 열정을 발견할 수 있도록 평신도에게 '은사 점검표'를 제공한다. 평신도는 교회의 특정 사역에 자신을 맞추는 대신, 자신의 은사 중 가장 뛰어난 것을 위주로 사역을 발전시키도록 권면

받는다. 보직자와 경험이 많은 기존 평신도는 다른 교인들이 자신의 은사에 맞는 사역을 행하도록 '훈련' 시킨다.[20] 공동체 교회에서는 평신도가 병원을 심방하고, 고통을 분담하는 사역을 하며, 전통적으로 성직자가 담당해온 많은 역할을 수행한다.

영적인 은사는 예배 참석자의 필요를 채우기 위한 것이 아니라 그리스도의 몸을 세우는 것을 목표로 한다. 교인들의 개인적 필요는 그리스도의 몸 안에서 하나님께서 정하신 위치를 찾을 때 하나님께서 채워주신다. 교인들은 교회의 다양한 직책들을 '순서대로 돌아가며' 담당하기보다는, 한두 분야의 사역에 지속적으로 참여하도록 권면된다. 그들은 특정 분야에서 오랫동안 경험을 쌓는다. 그러고는 자신과 같은 은사를 지녔지만 아직 경험이 부족한 다른 교인들을 훈련시킨다. 자신이 좋아하고 잘 할 수 있는 일을 담당하게 된 대부분의 성도들은 사역에 대한 열정을 잃는 법이 없다.

내가 24년간 섬겼던 콜로니얼힐스(Colonial Hills)교회는 1992년에 은사 점검표를 만들었다. 우리는 두 단계의 은사 점검 방식을 제공했다. 새신자를 비롯한 모든 교인에게 예배나 주중에 발간되는 소식지를 통해 간단한 점검표를 제공하여 자신의 은사를 확인해 보도록 하였다. 하나님의 세계에서 자신의 위치를 좀 더 알고 싶어 하는 신도에게는 보다 긴 점검표를 제공하였다. 성도들은 점검 결과와 그들에 관해 이미 알고 있는 사실에 근거하여, 그리스도의 몸을 위한 자신의 사역을 결정하기 위해 목사들과 한 시간가량 상담을 진행하였다. 약 3개월이 지나자 새로운 지도력이 강하게 등장함을 발견할 수 있었다.

5. 평신도는 선교현장에서 실효성 높은 신학자다. 평신도는 매일 영적인 참호 속에 있다. 성장하는 공동체 교회는 평신도들이 제도적인 교회 안에서만 봉사하게 하기보다는 직장에서도 사역을 담당할 수 있도록 훈련하고 구별한다.[21] 평신도는 목사가 일 년 동안 만나는 비기독교인의 수보다 더 많은 비기독교인을 한 주 만에 만난다. 오늘날의 평신도는 비기독교인의 다음과 같은 질문에 대답할 수 있는 신학자가 되어야 한다: 하나님은 누구신가? 하나님은 어떤 분인가? 하나님을 어떻게 만날 수 있는가? 구원이란 무엇인가? 기도는 어떻게 하는가? 인생의 목적과 의미를 어떻게 발견하는가?

6. 선교현장에 있는 기독교인이 해야 할 우선적인 일은 초청이다. 패러다임 공동체 교회는 새 생명을 타인에게 전하고, 전달받은 사람들을 훈련시키고, 훈련을 받은 사람들이 다시 세상 속으로 들어가 또 다른 사람들에게 새 생명을 전달하도록 만들기 위해 존재한다. 선교현장의 기독교인은 전도하기 위해 모여 예배한다. 평신도는 다른 사람이 찾아오기를 기다리는 것이 아니라, 소규모의 가정 모임이나 예배에 다른 사람을 초청하도록 훈련받는다. 이때 물론 사적인 관심사가 고려되어야 하지만, 새 생명의 복음을 나누는 일에 대한 열정이 더욱 중요하다.

내가 겪었던 두 가지 상반된 경험은 복음 전파를 위한 교회의 열정을 잘 보여준다. 죽어가고 있는 한 교회를 상담하는 자리에서 텔레비전 사역의 가능성에 대한 토론이 일어났다. 그 교회의 우선적인 관심은 '텔레비전 사역에 교회의 재정을 사용할 것인가?' 였다. 반면 패러다임 공동체 교회를 상담하는 동안에도 텔레비전 사역에 대한 토론이 일어났는데, 두 교회는 각각 다른 결론에 도달했다. 패러다임 공동체 교회의 관심은 '얼마나 많은 사람들이 텔레비전 사역을 통해 그리스도에게 인도될 것인가?'에 있었다.

패러다임 공동체 교회의 사역 목표는 단순히 사람들의 필요를 충족시키는 것이 아니다. 패러다임 공동체 교회는 교인들의 삶의 관계를 통해 교인들의 필요를 충족시키도록 한다. 선교현장의 모든 것은 전도의 관점에서 이루어진다. 교회가 행하는 모든 일은 두 가지 목적, 즉 세상의 사람들을 믿음 안으로 초대하는 것과 거기에 응답한 사람들을 훈련하는 것에 관계되어 있다. 교회는 사람들이 그리스도의 새 생명을 발견할 수 있을 만큼의 충분한 기간 동안 그들과 관계한다. 직업을 가진 부모의 필요를 충족시키기 위하여 주중에 이루어지는 어린이 대상 사역은 대단한 일이긴 해도 다른 기관에서도 할 수 있는 일이다. 이 사역은 아이들과 부모의 삶 속으로 들어가서 그들을 하나님께 인도하는 기회의 문으로 활용되어야 한다. 사회정의 사역에 관여하는 교회는 사회구조에서 일어나는 변화에 민감한 사람들의 삶 속에 예수 그리스도의 새 생명을 전달할 목적으로 사역해야 한다. 노숙자들을 위한 무료급식소와 쉼터는 새 생명의 복음을 나누기 위한 관계 수립을 목적으로 이루어져야 한다. 정치성을 띤 조직은 제도를 바꿀 수 있는 사람들을 변화시키기 위함이지 제도 자체를 바꾸기 위한 것이 아니어야 한다. 바자회는 기금을 모으기 위한 것이 아니라 참여자의 연락처를 수집하기 위한 것이다. 사람들의 관심을 자아에서 하나님께로, 자아에서 타자로, 자아에서 그리스도의 몸으로 옮기는 것이 목적이다. 오늘날 우리가 이 변화를 이루기 위해서는 먼저 비기독교인과 관계를 맺어야 한다.

7. 사역은 직분을 고수하는 것이 아니라 섬기는 것이다. 1986년 콜로니얼힐스교회가 대부분의 기존 위원회를 없애고 더 많은 평신도를 훈련하는 구조로 바꾼 지 2년이 지난 후, 교회에 오래 다닌 한 교인이 화를 내며 나에게 물었다. "이렇게 모임을 적게 가져서야 어떻게 새로운 지도력을 확립하겠습니까?"[22] 나는 그의 말을 이해 못하겠다고 되물었다. 그는 "사람들이 얼마나 성실하게 참여하는지, 또 모임이 얼마나 잘 이뤄지는지 알 수 있는 모임이 없다면 어떻게 새로운 지도자를 선택할 수 있겠습니까?"라고 말했다. 이 성도는 남성 지배의 관료제에서 성장한 사람이었다. 그에게 있어 사역이란 모임에 가는 것이고, 지도자는 모임을 이끄는 사람이다. 나는 "이제 우리는 얼마나 타인을 잘 섬기는가에 근거해서 지도자를 선택할 것입니다"라고 답했다. 지도자가 섬김을 바탕으로 선택된다는 사실이 그에게는 전혀 와 닿지 않았던 것이다.

오늘날의 지도자는 교회를 운영하는 사람이 아니라 섬기는 사람으로 정의된다. 존중과 권위는 자격증이 아니라 섬김에서 온다. 칭호와 신분은 중요하지 않다. 젊은이들은 더 이상 모임에 가는 것만으로 만족하지 않는다.

패러다임 2   목사는 사역을 하는 사람이라기보다 사람들을 훈련시키는 사람이다

문제가 있거나 경력 지향적인 목사는 소모임 중심 사역 유형에서 위협을 느낄 수도 있다. 목사는 사역에 대한 정당성을 찾기 위해서라도 자신을 필요로 하는 곳이 있어야 하기 때문이다. 목사는 실제적인 사역에 대한 통제권을 교인들에게 넘기기 어려울 것이다. 평신도가 자신에게 의존하기를 원하는 목사도 이런 형태의 사역을 회피할 것이다. 안전하고 따뜻하게 살 목적으로 사역하는 목사도 이 사역이 자신의 영적인 영역에 너무 위협이 되는 일이라고 느낄 것이다. 현상 유지에만 관심을 갖는 목사도 소모임 중심 사역을 잘 해내지 못할 것이다.

윌리몬(Willimon)과 윌슨(Wilson)은 「불꽃 재고하기」(*Rethinking the Flame*)라는 책에서 다음과 같은 중요한 발언을 하였다. "성직자는 교회의 사명이 자신의 필요보다 훨씬 중요하다는 확신이 있어야 한다."[23] 이 결심이 소모임 중심 사역을 성공으로 이끄는 열쇠다.

1. 목사의 우선적 역할은 교회를 위한 사역을 수행하는 것이 아니라 세상에서의 사역을 위해 평신도를 가르치고 훈련시키는 것이다. 애틀랜타 도시권에 위치한 페리미터교회(Perimeter Church)의 담임목사인 랜디 포프(Randy Pope)는 자신에게 맡겨진 사역을 수행할 능력이 없다고 말하는 한 평신도에게 이렇게 대답했다. "그렇다면 내가 잘못한 겁니다. 내가 당신을 훈련시키지 못했기 때문이지요."

평신도를 훈련시키는 목사는 미래를 향한 비전이 있다. 그들은 비전을 바라보며 교인을 훈련한다. 비전에 고무된 교인이 사역에 참여하고,

열정적으로 비전을 현실로 만들어 간다. 훈련 받은 그들이 비전을 실현한다. 훈련을 담당하는 목사는 직접적인 사역에는 거의 참여하지 않는다. 대신 한 발짝 물러서서 평신도들이 교회의 사역을 감당하도록 권면한다.

훈련자와 돕는 자를 혼동해서는 안 된다. 돕는 자는 자신의 비전을 가지면 안 된다. 그들은 교회가 나아가야 할 방향으로 가도록 돕는 사람들이다. 돕는 자 아론의 노력은 금송아지라는 결과로 나타난다(출 32장). 미래에 대한 비전이 있는 훈련자는 종종 교회가 자발적으로는 가지 않으려하는 방향으로 이끌기도 한다. 모세가 바로 훈련자다.

전문 성직자가 훈련자로 변화되기 위해서는 근본적인 변화가 있어야 한다. 이들 대부분은 교회를 위한 사역을 지원하고 수행하도록 훈련을 받은 사람들이다. 훈련자가 되는 것은 어렵지만, 이러한 변화를 이루지 못한 성직자는 지속적인 피로와 스트레스와 혼란을 겪을 것이고, 교인들의 영적인 성장을 돕는 일에도 실패하게 될 것이다.

셀 중심 사역에서 성직자는 평신도 목회자를 양성하여 이들이 공동체 교회의 안과 밖에서 중요한 사역을 수행하게 한다.[24] 훈련을 받은 평신도 목회자는 매주 상당한 시간을 사역에 할애한다. 이들은 일하는 시간이 다르다는 점을 제외하고는 월급을 받는 보직자에 버금가는 일을 해낸다. 목사는 평신도 목회자를 훈련하고 지원하는 일에 대부분의 시간을 보내고, 평신도 목회자는 성도를 돌본다. 다른 소모임 중심 사역에서도 목사와 보직자는 대부분의 시간을 소모임을 만들고 모임을 운영할 평신도를 훈련하는 데 보낸다.

2. 21세기에는 목사의 평균 임기가 20~30년이 될 것이다. 패러다임 공동체 교회는 후임자 선택을 신중하게 하며, 선택된 사람에게는 목회를 종신토록 보장하는 제도를 택하고 있다. 평신도 사역자의 경우도, 훈련 모임을 포함한 소모임에서 특정한 한 분야에서 활동한 기간이 길수록 최고의 효과가 나타난다.[25] 공동체 교회는 프로그램이 아니라 관계에 기초하기 때문이다. 목사가 목사직을 오래 수행할수록 교회가 강해지고 성장하는 것과 같다.

다음의 10가지 부가적인 요소들은 보다 효과적으로 목사의 재임 기간을 지속하게 한다. ① 눈에 띄는 사역은 종종 재임 6년 혹은 7년 되는 해에 발생한다. ② 부임 후 18개월 정도의 행복한 시기가 지나면 보통 갈등이 발생한다. ③ 첫 4년은 교인들을 사귀는 기간이다. ④ 약 서너 해가 지나면, 사역보다는 교회 내 권력 주무르기에 더 관심을 가진 활동적 교인들이 목사를 '교인 중 한 명에 불과하며 자신들의 권력을 위협하는 사람'으로 여기게 된다. ⑤ 6년째 되는 해에는 목사와 성도 사이에 약혼이 이루어진다. 그렇지 않으면 목사가 교회를 떠난다. ⑥ 만일 약혼이 이루어졌다면, 7년째 되는 해에 결혼하여 하나가 된다. ⑦ 베이비붐 세대는 [교회라는] 기관에 가입하기보다는 [교회에서 맺은 인간관계라는] 개인적인 조직이나 모임에 가입하는 성향이 있다. 그들은 약 4년에서 5년이 되는 시점에 목사나 모임에 대한 충성을 지역 교회에 대한 충성으로 바꾼다. 목사가 자주 바뀌면 미처 교회에 동화되지 못했던 청장년들도 교회를 옮긴다. ⑧ 목사가 적어도 10년 이상 한 곳에서 사역할 때 계획된 전략이 쉽게 달성된다. 목사의 재임 기간이 짧다는 것을 아는 성도들은 교회가 미래를 위한 진지한 계획을 세울 때 주저한다. 규모가 작은 교회의 경우 더욱 그러하다. ⑨ 목사와 교회에는 씨앗이 발아할 시간이 필요하다. 시행착오를 통해 배움을 얻을 시간도 필요하다. ⑩ 교회를 자주 옮기는 목사는 시행착오를 통한 배움을 얻을 기회조차 상실한다.

후임자 선택은 21세기 담임목사 사역의 가장 중요한 요소 중 하나다. 예배 참석 교인 500명 이상 되는 교회의 담임목사는 영적인 CEO기 때문에 후임자 선택에 가장 큰 영향력을 발휘해야 한다. 「포천」지에 따르면 후임자 선택은 CEO의 세 가지 책임 가운데 하나다.[26]

3. 생계를 위한 직업이 있으며 목사안수를 받지 않았지만 [목사로부터] 훈련을 잘 받은 사람들이 안수 받은 성직자를 대신한다. 많은 경우 교단에서 안수 받은 전일제 성직자는 75명 이상 90명 이하의 교인이 있는 교회에서 사역을 시작한다. 그러나 현재 이러한 교회들의 대부분이 죽어가고 있는 것이 사실이다. 그런데 잘 훈련받은 평신도 목회자가 안수 받은 목사들이 하지 못했던 일, 즉 작은 교회를 살려내는 일을 해내고 있다.[27] 이들이 효과적으로 사역할 수 있는 이유는 다음과 같다. ① 신학교를 졸업하고 갓 안수받은 목사가 작은 교회 혹은 시골 교회를 맡을 경우, 목사가 겪는 문화적 충격으로 인해 종종 교회가 마비된다. ② 종종 안수 받지 않은 평신도가 교인들을 더 잘 돌본다. 왜냐하면 그들은 평신도의 눈높이를 잘 알기 때문이다. ③ 안수 받지 않은 평신도가 한 교회에 더욱 오래 머무는 경향이 있다. 왜냐하면 그들은 안수 받은 사람들처럼 경력 지향적이지 않기 때문이다. ④ 작은 회중 교회의 경우, 그 교회의 보수적인 신학적 입장에 안수 받은 성직자들보다 안수 받지 않은 평신도가 잘 맞

는다. ⑤ 작은 교회들은 어떤 명목으로든 [큰 교회가 주는] 보조금에 의존하기보다 안수 받지 않은 평신도를 더욱 선호한다.

라일 쉘러는 다음과 같이 제안한다. "교인 수 25명 이하의 교회는 평신도에 의해, 25명 초과 75명 이하의 교회는 생계를 위한 직업을 지닌 평신도에 의해, 75명 초과 150명 이하의 교회는 생계를 위한 직업을 지닌 여럿의 평신도에 의해 이끌어져야 한다."[28]

결론   21세기는 흥미진진한 사역의 시기가 될 것이다. 위험을 무릅쓰고 미지의 수로를 탐험할 만큼 신념이 확고한 목사들은 잘 해나갈 것이다. 그들은 사람들의 다양한 필요와 상처에 접근할 수 있는 새롭고 다양한 사역들을 창조할 것이다. 새로운 사역은 평신도에게, 그리고 사회에 복음을 전하는 평신도들의 역할에 집중될 것이다. 또한 평신도들은 교회 내부보다는 세상에 효과적으로 사역하도록 파송될 것이다.

이와 같은 모험을 할 수 있는 목사들은 놀라운 변화를 일으킬 것이다. 그들은 장례식 분위기를 풍기며 하나님께 "구경꾼에게 만족을 달라"고 요청하는 영국 국교도식 예배를 발전시키는 것이 아니라 하나님을 찬양하는 본래적 예배를 발전시킬 것이다. 6장에서는 새로운 예배 패러다임을 다룰 것이다.

6

예배 개혁

소모임 사역이 북미 기독교 역사상 가장 근본적인 패러다임 변화라면, 예배 형태의 변화는
가장 눈에 띄는 분열을 보이는 변화다. 분열은 교리나 신학보다 예배 형태에서 훨씬 더 많이
일어난다. 회중 교회와 목사는 신학보다 예배 형태와 관련해 훨씬 더 쉽게 갈라지기도 하고
새로운 관계를 형성하기도 한다. 예배의 변화보다 회중 교회의 미래에 영향을 미치는 것은
별로 없다.

"우리는 제2의 종교개혁 시대에 있다."[1]

잭 헤이포드(Jack Hayford)

소모임 사역이 북미 기독교 역사상 가장 근본적인 패러다임 변화라면, 예배 형태의 변화는 가장 눈에 띄는 분열을 보이는 변화다. 분열은 교리나 신학보다 예배 형태에서 훨씬 더 많이 일어난다. 회중 교회와 목사는 신학보다 예배 형태와 관련해 훨씬 더 쉽게 갈라지기도 하고 새로운 관계를 형성하기도 한다. 예배의 변화보다 회중 교회의 미래에 영향을 미치는 것은 별로 없다.

당신의 회중 교회가 여전히 이전 세대의 긴 예배식과 장엄한 찬송으로 예배를 드리고 있다면, 교회는 쇠락할 것이다. 그런 교회가 성장하는 경우는 단 한 가지 요인, 주변 인구의 증가 때문이다. 그러나 패러다임 공동체 교회는 예배 형태로 인해 어떤 환경에서든 성장한다.

패러다임 1　　문화적 환경에 상응하는 예배가 효과적이다

오늘날의 예배는 해당 지역의 문화에 기반한 경우 효과적이다. 지역의 문화적 환경에 기반한 예배 스타일과 형식은 비기독교인에게 편안함을 주기 때문이다.[2] 같은 메시지라 하더라도 그 메시지를 전달하는 포장은 그 시대의 문화적 환경에 따라 결정된다. 패러다임 공동체 교회는 메시지의 내용을 포기하지 않으면서 시대에 맞게 옷을 입힌다.

1. 패러다임 공동체 교회는 예배의 초점을 하나님께 맞춘다.[3] 오늘날 대부분의 비기독교인은 영적인 의문에 대한 해답을 찾고 있다. 그들의 의문은 비록 성서적인 용어로 표현되지는 않지만 성서적이다. 그들은 삶

의 의미에 대해 강렬한 질문을 던진다. 패러다임 공동체 교회는 모든 질문에 대한 대답은 '하나님'이라는 사실을 믿어 의심치 않는다. 패러다임 공동체 교회의 예배 목적은 하나님의 인격과 하나님이 우리를 위해 하신 일에 대해 찬양하고 예배하는 것이다. 예배는 수직적이다. 예배는 하나님의 오묘함과 주권을 강조한다.[4]

표면적으로 봤을 때 패러다임 변화는 사상이나 행동에서는 거의 나타나지 않는 것처럼 보인다. 대부분의 교인들은 예배가 하나님에 관한 것이라고 말하지만 그들의 행동을 보면 그들은 하나님 외에 다른 것을 예배하러 '교회에 나오는' 것 같다. 다음의 두 사례는 이러한 사실을 보여준다.

미국 북동지역의 한 사거리에는 동일 교단의 세 교회가 세 모퉁이에 각기 위치해 있다. 이 중 한 교회는 25년 전 교단 합병 결과 세워졌고, 다른 교회는 합병된 두 교단 가운데 큰 교단의 교회며, 또 다른 교회는 거의 130년 전 또 다른 합병의 결과로 세워졌다. 이 세 교회의 예배 출석인원은 모두 합해도 100명이 채 되지 못한다. 각 교회에는 주차장이나 주중 사역을 위한 공간이 전혀 없고 아주 약간의 땅이 있을 뿐이다. 세 교회 모두 생존경쟁을 벌이고 있으며, 시설 유지를 위해 노력하고 있다. 세 교회의 시설물은 모두 합해서 200만 달러 정도의 자산 가치를 지닌다. 이들 중 두 교회는 교단으로부터 보조금을 받고 있다. 그러나 어느 교회도 세 교회가 하나의 교회가 되는 것에 대해 말하려 하지 않는다. 이 세 교회는 함께 가치 있는 사역을 행할 수도 있을 것이다. 그러나 누구도 자신의 재산을 포기할 생각은 전혀 하지 않는다.

미국 중서부 지역의 어느 교회는 평균 출석인원이 100명 이하였다. 1년 전 이 교회는 젊은이들을 겨냥하여 현대식 예배를 시작해 교인 수를 두 배로 늘어났다. 이는 여간 기쁜 일이 아니다. 그러나 새로운 예배가 성공을 거두자 오히려 교회가 분열되었다. 새로운 형식의 두 번째 예배가 유지되었던 짧은 기간 동안 많은 성인 교인과 어린이, 청소년 대부분은 새로운 젊은이들이 합류한 이 새로운 예배에 매력을 느꼈다. 그러나 나는 오래된 교인 가운데 한 명으로부터 분노에 찬 말을 들었다. "우리는 더 이상 친구들을 볼 수가 없습니다." 또 다른 분노의 목소리가 들렸다. "나는 아이들을 보고 싶습니다. 왜 우리에게 두 개의 예배가 있어야 합니까?" 오래지 않아 분노한 모든 교인들은 하나같이 예배에 대한 자기중심적 관점을 표출했다. 교인들은 그동안 친구들을 만나거나 아이들을 보기 위해 교회에 나왔던 것이다. 그들은 마치 교회에 선물을 받으러 오는 아이들과 같다. 새로운 형식의 예배를 도입하기 전에는 아이들이 예배에 나오고 싶어 하지 않았다는 사실을 기억하는 사람은 아무도 없었다.

예배는 우리 자신, 친구들, 혹은 아이들에 관한 것이 아니라 하나님에 관한 것이다. 패러다임 공동체 교회는 예배 외의 시간에 영적인 가족과 교제를 나눈다. 친구들과의 수평적인 관계는 소모임 사역에서 얻는다. 예배는 여러 소규모 교제 모임이 함께 모여 하나님을 숭배하는 시간이다. 예배에 생명을 부여하는 것은 하나님을 영화롭게 하는 그리스도의 몸이다. 패러다임 공동체 교회는 찬양, 양육, 명상, 교제를 주일 아침예배 한 시간에 억지로 집어넣으려는 시도를 하지 않는다.

2. 예배의 핵심은 하나님 찬양이다. [이 책이 쓰이고 있는] 1990년대는 하

나님을 찬양할 기회가 적다. 좋지 않은 소식이 계속 들려온다. 현대 사회
는 많은 희망이 필요한 시대다.

베이비붐 세대를 뒤이은 세대는 미국 역사상 가장 냉소적인 세대 가
운데 하나다. 그들은 베이비붐 세대와 다르다. 그들은 자기 세대가 전 세
대만큼 좋은 것을 누리지 못할 것이란 사실을 안다. 그들은 이전 세대가
지구를 돌보지 않았다는 사실도 안다. 그들은 미래에 대한 희망을 거의
보지 못한다. 나는 그들을 '정화 세대'(clean up generation)라고 부른다.[5]
그들은 1980년대의 파티가 남겨 놓은 쓰레기를 치워야 한다. 그래서 그
들에게는 더 많은 기쁨과 찬양이 필요하다.

'정화 세대'는 경건하거나 조용한 예배를 원치 않는다. 교회는 박수
를 권장하고, 박수치는 것을 부흥회 때의 "아멘"이나 흑인 미국 교회의
전통으로 여긴다. 그들은 '조용히 들어오세요. 예배가 진행 중입니다'와
같은 안내문을 붙이지 않는다. 명상은 예배보다는 소규모 가정 모임 안
에서 이루어진다.

3. 음악은 찬양과 교제의 주요 수단이다. 음악은 45세 이하 사람들의
인생에 필수적인 요소다. 대부분의 비기독교인이 예배를 경험할 수 있는
방법이 음악이다. 우리 세대에게는 공부하는 동안 음악을 듣는 것이 허
용되지 않았지만, 오늘날은 음악을 들으면서 공부하고, 운동하고, 일하
고, 잠자고, 명상한다. 탄탄한 음향 효과 없이 흥행하는 영화도 거의 없다.

사람들이 선호하는 음악의 유형은 당대의 문화로부터 알 수 있다. 문
화적 환경에 상응하는 음악은 (교인이 아닌) 예배 참석자들이 어떤 라디
오 방송을 듣는지 살펴보면 알 수 있다. 이것은 예배 중에 30초만 투자하

면 충분히 알 수 있다. 즉, 예배 참석자들에게 가장 많이 듣는 라디오 프로그램 두 가지를 적어내게 하거나 연령대를 막론하고 청취율이 가장 높은 라디오 방송이 무엇인지를 물어보는 것이다. 조사를 해 보면 미국 비기독교인이 가장 좋아하는 음악은 '부드러운 록 음악'(soft rock)임을 알게 될 것이다. 클래식을 선호하는 미국 비기독교인의 비율은 4%밖에 되지 않는다.[6]

북미 전역에 걸쳐 일어나고 있는 음악적 취향 변화를 인식하지 못하면 어떤 일이 일어나는지를 여러 심포니 오케스트라가 몸소 경험하고 있다. 연주 레퍼토리, 분위기 등 연주와 관련된 전체적인 공연 기획은 관객의 다수를 차지하는 젊은층 관객의 관심을 끌지 못한 지 오래되었다. 클래식 음악은 당대의 민속음악에 뿌리를 둔다. 이제 그 시대는 지났다. 앞으로 팝과 록을 도입하지 않고 살아남을 수 있는 오케스트라는 거의 없을 것이다.

> "음악이 우리 문화에 끼치는 영향을 연구해 보면, 베이비붐 세대의 음악(주로 로큰롤)이 우리 사회의 문화를 다음 세기까지 지배할 것이란 사실을 알 수 있다. 우리 자녀들도 우리의 음악적 취향을 편하게 받아들이며, 그 취향에 쉽게 적응한다."[7]

텍사스 주 휴스턴에 위치한 제일침례교회(First Baptist Church)의 담임목사인 존 비사노(John Bisagno)는 클래식 음악이 예배에 끼치는 영향을 묘사하면서 다음과 같이 거침없이 말한다.

"고전적인 선율, 장례식풍의 송가, 그리고 격식에 치우친 찬양 지도자는 세상 그 무엇보다도 빨리 교회를 죽이고 말 것이다. 오해하지 말자. 격식에 치우친 음악을 가지고 일곱 번씩 아멘을 외치며 고전 찬송가를 꾸준히 불러대면서, 많은 사람들에게 다가가 수백 명에게 세례를 주고 대중에게 다가서는 원기 왕성한 교회가 될 수는 없다. 거의 없는 것이 아니다. 전혀, 전혀, 전혀 없다."[8]

현대 음악이 부흥한 까닭은 기독교 저작권회사(Christian Copyright Licensing Inc.)와 같은 단체의 봉사 덕이다. 회사는 교회가 사용료를 지불하면 수많은 노래를 복사할 수 있게 해 주고, 예배 중에 빔 프로젝터나 슬라이드를 사용할 수 있게 돕는다.[9]

4. 음악은 우리 시대의 의식(儀式, ritual)이다. 음악은 그동안 많은 기독교인들이 보고 자란 예문을 대신한다. 음악은 교독문, 사도신경, 시편, 대표기도와 같은 결과를 낳는다. 음악은 메시지를 운반하는 수단이다. 음악은 기독교인들이 하나님을 찬양하고 사랑하는 방법이다. 잔잔하게 연주하는 배경음악도 의미 있고, 교인들이 교회에 들어오고 나갈 때 연주하는 여러 가지 송영도 의미 있다.[10]

패러다임 공동체 교회에서 음악이 예배의 40%를 차지한다는 사실은 놀라운 것이 아니다.[11] 음악은 예배의 모든 부분에 스며 있다. 예배 중에 음악 없이 진행되는 시간은 불과 3~4초에 지나지 않는다(물론 설교시간은 예외). 기도시간에는 배경음악이 연주된다. 성만찬은 찬송 속에서 진행된다. 때로는 설교에 음악이 동반되기도 한다.

예배는 음악 감상을 가르치기 위한 곳이 아니다. 패러다임 공동체 교회는 음악을 고를 때 한 가지 질문을 한다. "그 음악이 사람들을 하나님께로 더욱 가까이 인도하는가?" 용납될 수 있는 음악은 오직 새 생명의 메시지를 전하는 음악이다. 아무리 아름답다 할지라도 음악이 메시지 자체는 아니다. 근본적으로 우월한 형식은 없다. 음악도 복음을 목적으로 하는 한 좋은 형식이고, 그렇지 못하면 나쁜 형식이다.

마틴 루터(Martin Luther)와 찰스 웨슬리(Charles Wesley) 같은 영적인 거장들은 문화적 환경에 상응하는 음악의 중요성을 보여주었다. 그들은 술집에서 들리는 멜로디에 가사를 넣어 찬양 곡으로 사용함으로써 당대의 문화적 요구를 충족시켰다. 그들은 사람들의 삶을 바꿀 궁극적 메시지를 가지고 그들에게 접근하기 위해 그들의 요구를 수용했다. 메시지를 바꾼 것이 아니라 포장하는 방법을 시대의 문화에 순응시켰을 뿐이다.

신디사이저, 드럼, 플루트, 전자기타, 탬버린, 베이스, 피아노 등은 오늘날 일반적인 악기가 되었다. 문화적 환경에 상응하는 예배시설은 조명과 대형 프로젝션 스크린뿐 아니라 각종 악기, 마이크, 모니터, 음향 기술자, 그리고 음향효과 등을 갖춘 질 높은 음향 시스템을 갖추어야 한다. 전자악기에 익숙한 사람들에게 복음을 전하고자 한다면 그들의 오감을 자극할 수 있어야 한다. 찬송가보다는 현대적 음악 취향을 반영한 찬양으로 접근한다. 가사는 커다란 화면으로 보여준다. 그러면 사람들은 찬송가에 얼굴을 묻거나 발을 내려다보는 대신 고개를 들고 주변을 바라보게 된다.

남부 지방의 침례교회에 대한 연구는, 교회의 규모를 막론하고 교회 성장에 가장 중요한 요소의 하나로 교회의 음악적 수준을 지목한다. 대형 회중 교회 교인의 90%가 소속 교회의 음악적 수준을 탁월하다고 평가했다. 이보다 작지만 성장 중인 교회의 경우에는 65%의 교인이 자기 교회의 음악 수준을 탁월하거나 우수하다고 평가했다. 반면 규모가 작거나 쇠락하고 있는 교회의 경우 각각 37%와 35%의 교인만이 자기 교회의 음악 수준을 탁월하다고 평가했다.[12]

　　찬양대의 예배 봉사 여부는 선택사항이 되고 앙상블이 찬양대를 대신하는 경우가 종종 있다. 독창자, 그룹, 찬양 팀(3명 이상으로 구성됨), 연주자, 코러스, 그리고 메들리 등의 찬양대가 있어 폭넓은 선택이 가능하고, 다양한 사람들로 이루어진 찬양 소모임이 생겨난다. 교회의 규모가 클수록 더 많은 소규모 찬양 모임이 형성되어 전통적인 찬양대를 보충하거나 대체한다.

　　패러다임 교회에서는 예배 모임이 발전한다. 예배 모임은 목사, 성가 지휘자, 연극부, 간증 모임, 기도 모임, 안내위원 모임, 찬양 모임, 독창자 모임 등으로 구성된다. 찬양대는 예배 모임의 하나다. 찬양대는 찬양을 할 뿐만 아니라, 예배시간 내내 예배 인도를 돕는 셈이다. 찬양대는 예배의 분위기를 형성한다. 찬양대의 기도는 능력이 된다. 말씀과 찬양이 결합된 예배는 비기독교인에게 강력한 인상을 줄 수 있다.

　　애리조나 주 글렌데일의 기쁨공동체교회는 새로 부임한 목사가 현대 음악을 예배에 도입한 후 100명이 채 안 되던 교인 수가 10년 만에 2,500명으로 성장했다. 이 패러다임 공동체 교회의 오르간은 결혼식에만 사용된다.

　주의: 쇠락하고 있거나 침체되어 있는 교회가 찬양 스타일의 변화를 꾀할 경우 그것이 갈등의 원인이 되기도 한다. 로스앤젤레스에 위치한 동산의목자교회(Shepherd of Hills Church)는 찬양을 현대식으로 바꾸고 찬송가를 없앴으며 새 예배실에 오르간을 설치하지 않았다. 그 결과는 두 가지로 나타났다. 교인의 평균연령이 36세에서 27세로 젊어졌지만, 기존 교인들은 찬양이 너무 시끄럽다고 불평하면서 오르간에 맞춘 찬송가를 그리워했다. 그래서 교회는 최근에 작은 전자오르간을 구입하여 기도하는 동안 장엄한 음악을 연주하는 데 사용한다.[13]

　이러한 변화에 반감을 갖고 어떠한 변화도 원치 않는 전문 연주자들로부터 갈등이 발생하기도 한다. 연주자의 반대는 보직자의 반대보다 전도에 방해요소가 된다. 많은 연주자들은 새 생명을 전달하는 일보다 음악 자체에 더 많은 관심을 갖고 있다. 그들은 연주하는 일이 우선이고 예배 인도는 그 다음으로 여긴다. 음악에 대한 사랑이 그리스도에 대한 사랑과 맞먹는 것이다. 그들은 제자 훈련을 좋은 음악을 연주하는 일만큼 중요하게 여기지 않는다. 우리는 이러한 문제를 인식하고 적절히 대처해야 한다.

　1989년 콜로니얼힐스교회는 전통음악을 현대음악으로 바꾸면서 성가 지휘자를 바꾸어야 했다. 우리는 단순한 성가 지휘자가 필요한 것이 아니라, 찬양대와 교인들에게 음악을 통해 기독교를 가르칠 수 있는 예배의 지도자가 필요했다. 이 변화는 기존 찬양대원의 반을 잃는 결과를 낳았고, 다른 어떤 음악보다 클래식 음악을 선호하는 오래된 교인과의 엄청난 갈등을 초래했다. 찬양대원들은 이전보다 연령대가 낮아지고, 수가 증가하고, 더욱 창의적이 되었다. 무엇보다 중요한 변화는 보다 많은 찬양대원들이 자신이 부르는 찬양을 이해하고 찬양의 내용에 맞게 살게 되었다는 점이다.

5. 침체기에 도달했거나 쇠락하는 교회는 두 가지 스타일의 예배를 진행해야 한다. 나이 든 세대가 젊은 세대를 위해 자신들의 예배 스타일을 포기할 수는 없다. 그렇다고 젊은 세대에게 나이 든 세대의 문화에 맞는 예배를 받아들이라고 요청하는 것도 공정치 못한 일이다. 차라리 두 세대를 분리시켜 예배를 따로 만드는 것이 훨씬 수월하다.

콜로니얼힐스교회는 음악을 현대식으로 바꾸면서 두 가지 변화를 맞게 되었다. 2년 동안의 침체기에서 벗어나 예배 참석 수가 증가했지만, 나이 든 세대는 음악이 너무 시끄럽다고 불평하면서 사도신경과 영광송 같은 전통적인 요소들을 그리워했다. 그들은 교회가 더 이상 자신들을 돌보지 않는다고 느꼈다. 그래서 우리는 나이 든 세대의 요구를 충족시키기 위해 전통적이고 장엄한 예배를 만들었다. 현재의 회중 교회는, 교회의 미래가 젊은 세대에게 달려 있다는 사실을 기억하는 동시에 나이 든 세대의 문화적 요구도 수용하는 방안을 모색해야 한다.

문화적으로 적합한 예배를 모색하는 회중 교회는 교인들이 다음 셋 중 어느 하나라도 수용할 수 있도록 만들어야 한다. ① 새로운 유형의 예배에 간섭하거나 비난하지 말고, 마음을 열고 받아들인다. ② 새로운 예배에 참여하거나 홍보하지는 않지만, 그 예배를 시작하고 홍보하는 데 재정이 사용되는 것을 허용한다. ③ 새로운 예배의 발전을 위해 적극적으로 참여해 예배가 성공하도록 돕는다.

6. 오락은 현대 사회에서 전도하는 데 중요한 부분이다. 애리조나 주의 어떤 루터주의 회중 교회는 1987년 오락 전도(entertainment evangelism)를 시작했다. 조용한 예배 전통을 현대식 음악과 연극, 그리고 쾌활한 분위기의 설교로 바꾸었다. 그 후 교인 수가 87명에서 6,000명으로 성장했다. 티모시 라이트(Timothy Wright) 부목사는 "사람들이 왜 교회에 오지 않는가를 진지하게 생각했다"고 말한다. 그는 베이비붐 세대가 루터주의 교회 예배의 전형적인 틀에 박힌 예식과 클래식 오르간 음악에 흥미를 보이지 않는다고 생각했다.[14]

목사들이 나에게 가장 많이 하는 질문은 이것이다. "말씀 선포와 오락을 어떻게 경계 지어야 할까요?" 나는 완전한 예배는 지루해야만 한다는 생각이 어디서 나왔는지 궁금할 따름이다. 교회는 오락과 말씀 선포 사이에 선을 긋기 전에 이렇게 물어야 한다. "우리 교회를 덜 지루하고 보다 적합하게 만들기 위해 해야 할 일은 무엇인가?" 예배는 지루하지 않고도 얼마든지 온전하게 드릴 수 있다.

1989년 콜로니얼힐스교회의 예배를 가능한 한 현대적으로 바꾸기로 결정했을 때, 우리는 음악이 신학적 완전성을 가질 수 있다는 사실을 확실히 하고 싶었다. 그때 우리의 유일한 걱정거리는 CCM(contemporary christian music) 중 일부가 너무 신학적이지 못하다는 점이었다. 우리는 노래에 성서적인 가사를 붙이는 코러스를 선택해 신학적 문제를 해결했다. 누구나 할 수 있는 비판이 하나 있다면, 그것은 자신들이 그런 타입의 음악을 좋아하지 않는다는 것 정도다.

많은 패러다임 공동체 교회는 음악과 연극을 비기독교인에게 접근하는 주요 수단으로 사용한다. 연극과 결합된 수준 높은 기독교 음악은 다른 어떤 것보다도 젊은이들의 정서에 다가가기 쉽다. 음악은 언어로는 불가능한 매우 강력한 방식으로 메시지를 전달한다. 시카고 외곽에 위치한 윌로우크릭공동체교회는 처음부터 연극을 활용했다. 예배마다 5~10분짜리 연극을 보여주는데, 이 연극은 설교에서 다룰 문제들을 제기함으로써 설교의 배경이 된다.[15)

텍사스 주 샌안토니오에 있는 트리니티침례교회(Trinity Baptist Church)는 비기독교인에게 접근하는 수단으로 "The Living Christmas Tree"라는 연극을 활용한다. 교인들은 친구에게 줄 무료 공연 티켓을 받는다. 연극은 며칠간 계속되는데, 공연마다 객석이 가득 찬다. 사람들에게 전달되는 메시지는 성서적이며 영감이 넘친다.

애틀랜타 도시권의 페리미터교회는 "Back in Time"라는 뮤지컬의 티켓을 3,000장이나 판매했다. 이 뮤지컬은 60년대 노래를 필요, 동기, 고통 등의 관점에서 분석한 것이다. 극의 말미에 목사가 등장하여 '예수가 어떻게 60년대 사람들의 필요에 대한 응답이 되는지'를 논의한다. 또 다른 교회는 새신자에게 주는 선물 속에 음악회 티켓을 넣어 교회에 다니지 않는 다른 친구들에게 선물하도록 권한다.

7. 현대의 문화적 환경에 상응하는 음악은 유색인종 사회에서 매우 중요하다. 현대적 음악을 적용한 회중 교회는 모든 인종의 사람들을 유혹한다. 종교 개혁 이래 고전적인 요소로 가득한 유럽 중심적인 고루함은 교회 안에서 하층민을 축출하기 위한 목적으로 존속되어 왔다. 고전음악

이 예배를 장악하는 한 21세기 중반이면 대부분이 소수 인종이 되어버릴 서민들은 교회에서 멀어져 있을 것이다.

8. 효과적인 설교는 실천을 낳고, 사실보다는 감정에 훨씬 더 많이 호소하며, 주제의 시각화를 가능케 하는 설교다. 사람들은 오늘날 설교에 감정적으로 반응한다. 그리고 '신앙이 나의 필요를 어떻게 충족시켜주는가'에 입각해 자신의 결정을 정당화한다. 사람들은 설교자의 열정(감정)을 먼저 경험한 뒤에 설교(사실 혹은 내용)를 듣는다. 설교 시의 행동은 설교 내용만큼이나 중요하다. 너무 많은 원고, 너무 큰 설교대, 바닥을 응시하는 설교자의 습관은 설교에 대한 교인들의 흥미를 떨어뜨리는 가장 큰 요인이다.[16]

아무 서점이나 가서 자기계발서 판매대를 눈여겨보라. 실천서는 팔리지만 이론서는 그렇지 못하다. 설교 내용은 교인들이 한 주를 지내기에 유용한 것이어야 한다. 설교의 요점을 기록하여 그 내용을 주간 동안 참조하게 하는 교회도 있고, 설교 요약문을 나누어 주고 설교시간에 빈 칸을 채우게 하는 교회도 있다. 설교를 시작하기 전 성경을 읽은 다음, 교인들이 집까지 가져갈 한두 가지 요점을 살펴보는 방식으로 설교를 진행하는 경우도 있다.

9. 예배는 형식에 얽매이지 않는다. 청바지가 편한 세대에게 양복과 넥타이는 더 이상 예배의 본질이 아니다. 심지어 보직자도 청바지를 입는 '청바지의 달'을 만드는 교회들이 늘어나고 있다. 일 년 내내 반바지나 청바지를 입는 교회도 있다. 예배 지도자들과 예배 참석자들 사이를 가르는 가로대가 없는 설교단이 보다 친근감을 준다. 찬양대가 가운을

입지 않고 교인들과 함께 앉을 수도 있다. 로버트 슐러(Robert Shuller)의 드라이브 인 예배(자동차에 탄 채로 드리는 예배)는 비형식적인 예배의 초기 형태 가운데 하나다.

크리스마스가 주일과 겹쳤던 어느 해, 한 회중 교회는 전체 회중에게 다가오는 크리스마스 주일을 '있는 모습 그대로 참석하는' 주일로 만들자고 광고했다. 많은 이들이 예배에 참석했는데, 한 가족은 똑같은 파자마를 입고 나타났고 튜바(tuba) 연주자는 강단에 반바지에 고무슬리퍼를 신고 올랐다. 목사는 스웨터를 입고 설교했다. 참석자 대부분이 이날 예배를 자신들이 경험한 가장 의미 있는 예배 가운데 하나로 꼽았다.

패러다임 2   건물은 중요하지 않다

하나님을 예배하는 사람들은 건물이나 장소에 집착하지 않는다. 그들은 비기독교인에게 접근할 수 있는 창조적인 방법을 자유롭게 모색한다. 비주류 공동체 교회는 장소나 시설에 의존하지 않는 다양한 사역을 발전시킨다.

현 위치에서 효과적인 사역을 지속할 수 없는 회중 교회들이 많다. 그들은 지역을 옮기거나, 문을 닫거나, 위성 사역(satellite ministry)을 발전시켜야 한다. 강력한 대형 패러다임 공동체 교회가 아직 시작되지 않았거나, 시작되었다 하더라도 그 기간이 20년 미만에 불과한 이유가 여기에 있다. 다음과 같은 질문을 스스로에게 던져보라. "그리스도를 섬기기 위한 지역을 선택한다면, 지금의 우리 교회 위치를 택하겠는가?" 대답이

"아니오"라면, 당신의 교회는 지역을 옮겨야 하거나 위성 사역을 해야 한다.[17]

1. 다중지역 사역이 보편화되는 추세다. 이것은 '위성' 또는 지역적으로 확장된 교구(혹은 주변 교구)라 불린다.[18] 그들은 중심이 되는 한 교회와 다수의 부속 교회로 이루어져 운영된다.[19]

다중지역 교회가 보편화되는 이유는 다음과 같다. ① 총 경비를 줄일 수 있다. ② 건물이나 공간 설비보다 하나님께 초점을 맞출 수 있다. ③ 재정문제로 지역을 옮기지 못하는 작은 시설의 교회도 성장할 수 있다. ④ 창의적인 성도는 다양한 지역에서 다양한 사역들을 행할 수 있다. ⑤ (출감자나 장애자를 위한) 복지 갱생시설이나 주중 보육시설 같은, 현실적으로 양립하기 쉽지 않은 사역을 함께 할 수 있다.

작은 교회를 위한 가장 창의적인 모델 가운데 하나가 버지니아 주, 쉐넌도어 벨리의 6년 된 코너스톤메노나이트교회(Cornerstone Mennonite Church)에서 일어나고 있다. 이 교회는 대부분의 교회들이 쇠락하고 있는 해리슨버그 지역 주변의 작은 시골마을에 네 개의 위성 교회를 세웠다. 네 교회는 지역 전화번호부에 한 이름으로 등록되어 있다. 각 교회의 지도자들은 '지부 목사'로서, 각 교회 출신으로 모교회의 성서대학에서 훈련받은 사람들이다. 네 교회는 중앙조직에서 집행하는 예산으로 운영된다. 관리를 담당한 목사에 따르면, 코너스톤 교회는 "성장을 건물이 아니라 관계에 맡기려는" 시도를 하고 있다.[20] 코너스톤 교회는 교회를 홍보할 때에 메노나이트라는 교단 이름이나 교회란 단어를 사용하지 않는다. 교회에 등록한 경험이 있는 사람 중 그동안 교회로부터 보살핌을 받아보지 못한 사람들이 많기 때문이다.

모 교회는 새 교회 개척지에 교인 50명을 파송해 위성 사역을 행했다. 1992년 여름 모 교회의 예배 참석자 수는 평균 450명, 네 위성 교회의 참석자 수는 평균 1,000명 이상을 기록했다.

또 다른 창의적 모델은 1977년 애틀랜타 도시권의 페리미터교회에서 시작되었다.[21] 이 교회의 비전은 100개의 위성 교회를 만드는 것이었다. 1992년까지 애틀랜타 주변에 10개의 교회가 설립되었다. 그 후 3년마다 새 교회가 하나씩 개척되었다. 이 교회들 가운데는 교외에서 10마일 정도 떨어진 경우도 있다. 위성 교회의 목사들은 모두 모 교회와 협력관계를 맺고 있지만 각 교회는 자치권이 있다. 각 교회는 총 수입의 5%를 다른 교회 개척을 위한 '페리미터교회 사역'에 사용한다.

위성 사역의 조직 원리는 교리의 일치성에 있지 않고 효과적인 사역의 가능성에 있다. 패러다임 공동체 교회는 교리가 아니라 사역의 스타일에 의해 정의된다. 어떻게 사역하는가가 무엇을 가르치는가보다 중요하다. 역사적 틈새 시대 이전에는 사람들이 '신앙 유형이 비슷한' 사람들과 함께하는 예배를 선호했다. 오늘날에는 '사역 유형이 비슷한' 사람들과 함께하는 예배를 선택한다. 위와 같은 실험적 사례를 통해 새로운 교단의 형태가 출현하리라는 것을 예상할 수 있다.

2. 성공적인 회중 교회는 시설을 매입하지 않고 성장한다.[22] 그들은 시설 매입에 투자하기보다 유능한 보직자에게 투자한다. 설교, 찬양, 소모임, 양육 등의 능력을 갖춘 3~5명으로 이루어진 한 팀에게 (교회를 세우라는 것이 아니라) 일정한 지역에 그리스도의 새 생명을 전파하라는 책임

이 맡겨진다. 이 팀은 해당 지역의 시설에 [사역을 이어갈 수 있는] 사람들이 채워지면 다른 지역으로 이동하여 사역을 시작한다. 이러한 형태의 공동체 교회는 고정된 건물 임대료를 내지 않기 때문에 유연하게 운영할 수 있다. 오리건 주 포틀랜드에 있는 새소망공동체교회는 처음 8년 동안 12개 지역을 옮겨 다니며 예배를 드렸다.

미시건 주의 켄싱턴에 있는 켄싱턴공동체교회(Kensington Community Church)의 경우, 주일에는 한 곳의 임대 건물에서 교인 800명이 함께 예배를 드리고, 주중에는 5마일 떨어진 곳에 있는 다른 임대 건물에서 모임을 갖는다. 인디아나 주에 있는 한 교회는 예배 시설을 갖추고 있지만 본당에서 세 블록 떨어진 곳의 건물을 빌려서 어린이 돌봄 사역을 하고 있다. 나사렛교의 한 회중 교회는 원래 교회의 1/5 가격에 한 소매 가게를 임대하여 교회로 사용한다. 중간 규모의 한 침례교회는 원래 교회 건물의 반값에 스포츠용품 가게를 매입하여 교회 건물로 사용하는 경우도 있고, 800만 달러로 3,000만 달러짜리 쇼핑센터를 매입한 대형 독립교회도 있다.

비종교적 시설은 젊은 비기독교인에게 호소력을 갖는다. 자신들이 이해하지 못하는 교회 안의 상징물에 두려움을 느끼지 않게 되기 때문이다. 영화를 볼 때처럼 극장용 의자에 앉을 수 있고, 주차 공간도 넉넉하다. 이러한 형태의 시설은 장기간의 건축 계획 없이 교회의 성장에 따라 얼마든지 확장이 가능하다. 또한 이러한 시설은 눈에 잘 띄고, 접근이 쉽고, 이용이 편리한 곳에 있다.

고유시설이 있는 패러다임 공동체 교회도 때로는 비종교적인 시설에서 예배를 드릴 수 있다. 미네소타 주 번스빌에 있는 우데일침례교회 (Woodale Baptist Church)는 교회 근처에 미국에서 가장 큰 쇼핑몰이 개장했을 때 쇼핑몰의 420만 평방피트의 공간을 주일 예배 시에 사용할 수 있도록 계약을 맺었다.

3. 교회 이름에 지명이 들어가는 것을 피하는 교회가 종종 있다. 밴나이침례교회(Van Nuys Baptist Church)는 밴 나이라는 하나의 지역 외에서도 새신자를 모으기 위해 언덕의목자교회(Shepherd of Hills Church)로 이름을 바꾸었다. '교회'(church)라는 단어 대신 사용되는 명칭으로는 '공동체(community), 센터(center), 성당(cathedral), 채플(chapel), 성전(temple), 집(house), 교제(fellowship)' 등이 있다.[23]

4. 때로는 '교회'라는 단어를 회중 교회의 공식 명칭에서 빼기도 한다. '교회'라는 말은 좋지 않은 인습적 요소를 너무 많이 포함하고 있어 다가오는 새로운 시대에 사용하기에 적합하지 않고 비기독교인에게 부정적인 인상을 심어주기 쉽다는 생각에서다. 전단이나 주보에 교회 건물 그림을 사용한 결과 교회에 오래 다닌 교인들은 무의식적으로 교회를 건물로 인식하는 경향이 짙다. 많은 교인들이 교회를 세운다는 개념을 새 생명을 전하는 사람들의 공동체를 세우는 것으로 인식하지 않고 건물을 세우는 것으로 인식하고 있다.

우리는 '교회'라는 단어가 갖는 부정적인 함축성의 사례를 오리건 주의 한 교회에서 볼 수 있다. 이 교회는 이름에 '교회' 대신 '교제'라는 단어를 사용한 후 몇 년간 빠르게 성장했다. 그러나 새로운 목사가 부임하여 '교회'란 단어를 다시 넣자, 신도 수가 하락하기 시작했다. 물론 교인 수가 줄어든 이유는 단지 이름이 바뀌었기 때문만은 아니다. '교회'란 단어를 교회 이름에 넣거나 뺀 사람들의 사역 유형은 '교회'라는 단어가 갖고 있는 좋지 않은 인습적 요소만큼이나 큰 영향력을 갖는다. 그러나 '교회'라는 단어가 사람들의 발길을 교회에서 멀어지게 한 것은 사실이다.

5. 교회 홍보 시 교단의 정체성을 홍보하는 일은 피한다. 패스트푸드점의 성공은 제품의 일관성에 있다. 우리는 전 세계의 패스트푸드점에서 사람들이 무엇을 기대하는지 안다. 어떤 브랜드의 한 지점에서 불만족한 고객은 같은 브랜드의 다른 지점에도 가지 않으려 한다. 특정 교단의 교회에 다니면서 좋지 않은 경험을 한 적이 있는 사람은 같은 교단의 교회에 다시 가려 하지 않는다.

7

주일날 교회에서
무슨 일이 일어나는가?

오늘날 패러다임 공동체 교회에서는 효과적인 사역들이 날마다 행해진다. 그동안 북미 기독교에서는 교회의 활동이 주일 오전과 저녁, 그리고 수요일 저녁에 한정되어 있었다. 교회 건물은 매주 하루나 이틀 정도만 사용하도록 설계되었다. 주차장도 주일에만 사용할 수 있는 장소였다. 성장하는 회중 교회는 주중에도 사용할 수 있는 공간과 주차시설을 갖고 있어야 한다.

"내가 새 일을 행하리니…… 너희가 그것을 알지 못하겠느냐"

(사 43:19a)

오늘날 패러다임 공동체 교회에서는 효과적인 사역들이 날마다 행해진다. 그동안 북미 기독교에서는 교회의 활동이 주일 오전과 저녁, 그리고 수요일 저녁에 한정되어 있었다. 교회 건물은 매주 하루나 이틀 정도만 사용하도록 설계되었다. 주차장도 주일에만 사용할 수 있는 장소였다. 성장하는 회중 교회는 주중에도 사용할 수 있는 공간과 주차시설을 갖고 있어야 한다.

패러다임 1   주중 사역은 주일 사역만큼 중요하다

오늘날 패러다임 공동체 교회에는 주중에 이루어지는 활동의 참석자가 주일 예배 참석자보다 두세 배 많다. 기독교인의 사회적 필요가 점점 더 기독교 공동체 교회 안에서 충족되고 있다. 상담에서 탁아에 이르기까지, 교인들은 자신의 영적인 공동체 교회로부터 한 주 내내 도움을 받고 싶어 한다.

1. 독신자는 21세기의 가장 큰 주중 사역의 대상이 될 것이다.[1] 독신 인구는 장차 5년여 안에 전체 인구의 절반을 차지할 것이다. 대형 패러다임 공동체 교회는 독신자로 채워질 것이다.[2] 그러나 이 독신자는 이전의 독신자와 다르다. 이들 가운데 많은 사람은 결혼을 한 적이 없고, 결혼할 의사조차 갖고 있지 않다. 자녀 없이 이혼한 사람도 있고, 자녀가 있는 이혼 독신자도 있으며, 파혼한 사람도 있다. 열심히 짝을 찾는 사람도 있지만, 독신으로 지내는 것에 매우 만족해하는 사람도 있다. 독신이면서도 자신을 독신으로 생각하지 않는 사람도 있고, 스스로를 독신으로

여기는 사람도 있다.

독신 기독교인의 중요성에 대한 이해를 도와주는 인물이 바로 사도 바울이다. 바울에 따르면, 결혼이 모든 이들의 목표는 아니며 가족이 기독교 신앙의 삶을 정의하는 우선적인 요소도 아니다. 수세기 동안 기독교는 가정 위주의 신앙을 가진 종교로 그려져 왔지만, 이는 참이 아니다. 많은 교회들이 독신자를 영적인 지도자로 용납하지 않으려 한다. 독신자는 기혼자만큼 성숙한 사람으로 받아들여지지 않았다. 대부분의 교회는 마치 배우자의 존재 여부가 성직자의 조건이기라도 한 것처럼 여긴다. 이것은 기독교가 가족과 결혼을 지나치게 강조해 왔다는 점을 보여준다. 이제 기독교는 결혼을 하고 가정을 꾸리는 일과 관계가 줄어들며, 독신이 되는 것과 더욱 밀접한 관계를 맺게 되었다.

독신자만을 위한 교회가 생겨나고 있다. 플로리다 주 로더데일에 있는 그리스도교회(Christ Church)는 1990년 부활절에 독신자만을 위한 예배를 시작했다. 최소한의 광고만 했음에도 불구하고 부활절에 200명에 가까운 독신자가 참석했고, 5월까지 300명의 새신자가 모였으며, 급기야 같은 해에 플로리다 최초의 독신자 교회를 위한 전담 목사를 청빙하게 되었다. 1992년 현재 그곳은 활력 넘치는 교회가 되었다. 이와 비슷한 교회로 멤피스에 있는 퍼스트연합감리교회(First United Methodist Church)를 들 수 있다.

교회 내에서 강력한 지도력을 가지고 싶어 하는 독신자도 있고, 반려자를 찾기 좋은 장소로 교회를 원하는 독신자도 있으며, 자신을 돌아볼 수 있는 훌륭한 장소로 교회를 원하는 독신자도 있다. 대부분의 독신자 사역은 일주일에 서너 번 정도 배움의 기회를 제공하거나 사회적 모임을 가진다. 식사와 교제가 함께하는 금요일 저녁 예배와 토요일 저녁 예배에는 참여하는 독신자의 수가 지속적으로 늘어나고 있다.

2. 유아에서 고등학생까지 아우르는 기독교 보육 사역은 2020년까지 두 번째로 큰 주중 사역이 될 것이다. 라일 쉘러는 21세기에 성장하는 교회의 대부분이 학교를 설립하게 될 것이라고 말한다.[3] 보육 사역이 중요해지는 몇 가지 이유가 있다. 공립학교는 계속 쇠락하고, 선생들은 폭력적인 학생들로 인해 선생으로서의 우선적인 업무를 하지 못하게 될 것이다. 기업은 자신에게 필요한 사람들을 훈련시키기 위해 학교를 운영할 것이고, 더 많은 사교육 기관이 특정 목적을 위해 앞다퉈 학교를 설립할 것이다. 공립학교에서 종교 교육이 사라지는 현 상황에서 직업 때문에 자녀들과 함께할 시간을 거의 갖지 못하는 부모들은 자녀에게 종교적 가치를 심어주기 위해 사립 종교학교를 선호하게 될 것이다. 학교 바우처 제도(school voucher system, 공적 기관이 사립학교에 수업료의 지불 보증서를 발행하여, 공립·사립 중 어느 학교든 선택할 수 있도록 하는 제도)의 도입은 이런 추세를 확산시킬 것이다.

이미 미국 전역에는 14,000개 이상의 보육시설이 교회 안에 있다. 남부에 있는 침례교회는 4,000여 개의 보육 센터를 지닌 가장 큰 투자자다. 그러나 유감스럽게도 이 센터들 중 56%만이 지역교회에 의해 운영되고 있으며, 소속 침례교회는 예외로 하고 이중 보육 사업의 3대 우선 목표 중 하나로 영적 성장을 꼽는 교회는 13%에 불과하다.[4] 교회의 관리 능력 부족으로 주중 프로그램 운영을 교회 바깥의 단체들에게 맡기기도 한다.

기독교 공동체 교회는 전문적인 유아 보육 기관이 아니다. 교회는 교회 밖의 단체에게 교회의 시설을 빌려주기보다는, 아이들에게 예수 그리스도를 소개하려는 목적이나 학부모와의 관계 증진을 목적으로 탁아 사업을 해야 한다. 사람들은 삶의 변화를 겪을 때 도움을 구하기 위해 교회로 향한다. 부모들은 삶의 변화를 경험할 때 자연히 자기 자녀를 돌봐주는 교회를 떠올리게 된다.[5]

주중 학교의 지도자는 주중에 이루어지는 사역이 기독교 교육의 연장이라는 사실을 이해해야 한다. 그는 정식 보직자 가운데 하나로서, 별도의 이사회나 위원회 소속이 아니라 회중 교회를 위해 일하는 사람이다. 공간 설비와 기자재는 학교와 교회가 함께 사용한다. 재정이 풍부한 지역에서는 모든 순수 수입을 교회 예산에 편입시켜 재정 상황이 좋지 않은 사역을 돕고, 자비로 학비를 내지 못하는 사람들을 위해 장학금을 제공한다. 어떤 지역에서는 교회 선교 예산의 일부로 주중 어린이 돌봄 사역을 보조하기도 한다.

기독교 사학이 공립학교의 통일성을 해치고 나아가서는 왜곡한다고 생각하여 반대하는 사람들도 있다. 물론 그럴 수도 있다. 그러나 현재의 공립학교들은 제 기능을 다하지 못하고 있다. 형식주의가 교사들 사이에서 만연하고, 기독교적 가치가 교실에서 사라지고 있다. 대부분의 학교에는 안전요원이 있어야 한다. 아이들은 영적 성장을 위한 시간이 전혀 없는 보육 시설에서 대부분의 시간을 보낸다. 이제는 변화되어야 한다. 향후 50년에 걸쳐 공립학교 교육은 정부나 기업이 투자하는 사립학교로 대체될 수도 있다.

주의: 역사적인 틈새는 '소송의 시대'(Age of Litigation)가 될 것이다. 교회는 아동에 대한 성적 학대와 단순 방치 혐의로 값비싼 소송비를 치르지 않도록 주의해야 한다. 다음의 원칙을 명심하라: 최소 6개월 이상 교회에 출석하지 않은 사람의 자녀에게는 교회가 후원하는 어린이집, 보육센터, 방학 성경학교에 참여하는 것을 허용하지 마라. 여타의 청소년 프로그램에 자원봉사자로 일하는 것도 허용하지 마라. 보육 시설에는 항상 적어도 두 명 이상의 성인 사역자가 있어야 한다. 자원봉사자 및 유급 사역자를 선발할 때는 지원자가 아동학대 혐의로 체포 또는 기소된 적이 있는지를 특히 잘 살펴봐야 한다(알래스카는 지원자들에게 성적 학대를 당한 적이 있는지 여부를 반드시 묻도록 하고 있다). 또 신원보증을 의무화하라.[6]

3. 주일학교보다 주중 성경공부와 [가톨릭의 피정과 비슷한] 묵상의 시간이 더 중요해질 것이다. 오늘날 성경공부는 교단의 교리연구보다 훨씬 중요하다. 성경 암기는 기본이다. 교인들은 기독교인이 어떻게 살아야 하는지에 대한 청사진을 필요로 한다. 사람들이 성경을 일상생활과 인간관계에 적용하도록 돕는 일이 교단의 특별한 신념에 동의하게 하는 일보다 훨씬 중요하다.

1970년과 1990년 사이에 주요 교단들의 주일학교 참여율은 55%가량 감소했다. 주일학교는 가족유형이 바뀜에 따라 점차 구식이 되어가고 있다. 오늘날 주일학교의 의미는 많이 퇴색했다. 오늘의 세상은 주일만이 아니라 매일의 신앙공동체를 필요로 한다. 주일학교라는 명칭은 많은 인습적 요소를 포함한다. 많은 일들이 예배 전후 45분 동안에 이루어져야 한다는 강박관념 속에서 진행된다. 교인들은 주일 아침 3시간 동안 헌신하는 일을 더 이상 즐거워하지 않는다.

점점 더 많은 수의 패러다임 공동체 교회가 주일학교라는 명칭을 '약속의 땅'(Promised Land) 혹은 '보물섬'(Treasure Island)과 같은 이름으로 대체하고 있고, 주일에는 우선적으로 아이들과 함께 활동한다. (그렇다고 해서 이들을 아이들만을 위한 주일학교를 운영하고 성인교육은 무시하는 교회와 혼동해서는 안 된다.[7]) 성인을 위한 주일학교 교육은 종종 주중 저녁에 교회나 가정 내 소모임에서 실시되는 것으로 대체된다. 패러다임 공동체 교회는 교인들이 주일보다 주중 저녁에 많은 시간을 내는 것이 더 쉽다는 사실을 안다. 주중 성인교육에는 한 시간 이상이 소요되며 훨씬 더 생산적이다.

시간이 지나면 주일학교는 사라질 것이다. 그러나 지금은 주일학교 교육의 대안을 찾는 한편, 주일학교에 성인들의 참여를 강화시킬 방안을 모색해야 한다.

묵상의 시간은 영성을 위한 중요한 수단으로 떠오른다. 단 한 번 주말 동안의 집중적인 묵상 경험이, 짧은 시간 동안 이루어지는 연 52회의 단기 주일학교 수업보다 직접적인 영적 변화의 계기로 작용할 수 있다. 엠마오에서와 같은 운동이 전국에서 계속 번지고 있는 것은 우연이 아니다.

4. 주중 사역은 끊임없이 변화한다. 21세기 초반에는 도심에서의 사역이 성장할 것이다. 보다 많은 도심 교회가 트루바인침례교회(True Vine Baptist Missionary Church)를 따를 것이고, 마약밀매꾼을 추방하기 위해 힘

을 모을 것이며, 사람들을 중독에서 해방시키기 위한 12단계의 프로그램을 행할 것이다.[8] 브루클린에 있는 한 오순절 교회는 전국에서 가장 열악한 지역에 사는 아이들을 위해 길거리 사역과 버스 사역을 시작했다. 이 교회는 8,000명의 아이들을 버스에 실어 북미에서 가장 큰 주일학교가 이루어지는 곳으로 데려다준다.

지구촌이 지속적으로 타락함에 따라 사회정의 사역이 크게 성장할 것이다. 미시시피 강 서쪽에 있는, 한 대형 감리교회는 군비확장경쟁을 반대하는 초교파 센터(Interfaith Center to Reserve Arms Race)와 식사, 쉼터, 상담을 제공하는 두 개의 무료급식숙박센터를 설립하여 강력한 사회정의 사역을 실시한다. OCC(Office of Creative Connections, 관계를 형성해 주는 사무실)라는 조직은 도시문제를 공략하고 30개 도시의 거주자들을 관리하기 위한 네트워크를 제공한다. 또한 교인들을 위한 최대 규모의 에이즈 센터도 운영한다. 올세인츠성공회교회(All Saints Episcopal Church)의 일을 통해, 21세기에 성공하는 주요 자유주의 교회가 가르침과 양육보다 사회사업 위주로 성장할 것이란 점을 예측할 수 있다.

2020년까지 교회 성장에 기여하는 중요도에서 어린이 사역 대신 청소년, 중년, 노년 사역이 부각될 것이다. 1986년 베이비붐의 첫 세대가 40세가 되기 시작했고, 베이비붐 마지막 세대는 2004년에 40세, 2014년에 50세가 된다. 50대에 접어든 사람은 엄청난 삶의 변화를 겪을 것이다. 이들은 자신의 몸이 예전과 같지 않게 잘 따라주지 않고, 피부 역시 원래의 상태로 빨리 회복되지 않는 것에 당황하게 될 것이다. 전 세대와 달리, 베이비붐 세대는 은퇴에 따른 삶의 의미와 목적을 찾으려 할 것으로 예상된다. 중년의 위기에 관한 세미나와 노인 사역은 문전성시를 이룰 것이다. 2000년대 초반에는 현재의 어린이 보육 사역만큼이나 노인을 위한 돌봄 사역이 중요해질 것이다. 지금 어린이를 위한 시설을 짓고 있는 교회는 그 시설이 미래에는 노인 사역을 위해서도 사용될 수 있도록 해야 한다. 교회는 삶의 재미와 목적을 줄 수 있는 은퇴자 마을을 개발하려 할 것이다. 여성을 위한 사역은 교단 차원의 여성 모임을 대신할 것이다.[9] 여성 사역은 여성이 아이들에게 변기 사용법을 가르치는 등의 가정일과 직장일 사이에서 조화를 이루도록 도움으로써 세 가족(친정, 시댁, 부부)을 하나로 만드는 데 기여할 수 있을 것이다. 주일학교에서 가르치거나 청소년 후원자로 돕는 여성 사역자의 수보다 이와 같은 사역에 봉사하는 여성 사역자의 수가 더 많아질 것이다.

특정 목표를 두고 조직된 기도 사역은 성장하는 공동체 교회에서 부상할 것이다. 교회는 교인들이 알아서 기도할 것이라고 짐작하는 데서 그치지 않는다. 교회는 교인들에게 기도하는 방법을 보여주고, 그들이 가진 기도의 은사를 사용할 기회를 제공한다. 기도하는 방법을 배우는 것은 소모임의 주요 기능 가운데 하나다. 대부분의 교회에서 철야기도를 행한다. 소모임은 예배 전, 중간, 그리고 후에 기도로 모인다. 중보기도 사역은 한주 내내 매일 계속된다. 훈련받은 사람들은 기도 핫라인(prayer hot line, 기도 긴급 전화)을 운영한다. 텍사스 주 휴스턴에 있는 세컨드침례교회(Second Baptist Church)의 담임목사 에드 영(Ed Young) 박사는 자기 교회의 놀라운 성장(1979년 1,000명에서 1989년 12,000명으로 성장)의 공을 기도 사역으로 돌린다. 교회에서 24시간 기도하는 교인도 있다. 안전요원이 상주하여 기도실에서 밤새워 기도하는 사람들의 안전을 지킨다. 세컨드침례교회는 기도 모임을 하는 사람들과 기도 사역에 봉사하는 모든 사역자를 위하여 매년 1회의 만찬을 후원한다. 매월 두 번씩 '한 시간 기도자 오리엔테이션'(one-hour prayer orientation)을 열어서 24시간 기도실에서 일하며 기도할 새로운 사람들을 교육한다. 세컨드침례교회의 기도 핫라인 역시 24시간 개방되어 있다.

치유 봉사는 꾸준한 인기를 누릴 것이다. 1977년 존 윔버(John Wimber)가 시작한 빈야드크리스천펠로우십교회(Vineyard Christian Fellowship Church)는 치유에 대한 강렬한 믿음을 기초로 설립되었다. 빈야드교회의 규모는 1991년 약 500개 교회에 교인 수는 총 10만 명에 이르렀다. 주요 교단들이 치유 사역을 실험해 보았지만 긍정적인 결과를 얻지 못했는데, 그 이유는 치유의 육적인 면을 회피하고 영적인 면만을 강조했기 때문이다. 그러나 패러다임 공동체 교회는 치유의 두 가지 측면을 모두 강조한다.

결혼 상담도 주요 사역이 되고 있다. 종교적인 이유로 교회에 다니는 사람을 찾아내어 결혼하려는 사람, 비기독교인과의 결혼을 꺼리는 사람, 비기독교인에게 막대한 부담을 주는 사람에게 해당하는 사역이다. 결혼을 생각하는 커플은 목회적인 상담과 기독교 교육 수업을 함께 듣는 것으로 일정 시간을 보낸다. 성격적으로 서로 비슷한 부분과 다른 부분을 살펴볼 기회를 갖도록 몇 가지 테스트도 시행한다. 결혼 세미나의 인기는 높아지고 있다.

예배의 형식에 대한 실험이 계속될 것이다. 노스캐롤라이나 주 애쉬

빌에 있는 기쁨공동체교회(Community of Joy)는 1990년에 한 주류 교회의 지하에서 시작되었다. 예배는 매주 그 지역의 예술가들이 돌아가면서 예술 작품을 설명하는 방식으로 이루어졌다. 2년 만에 예배실이 부족할 정도로 참여자가 늘었고, 장소를 빌려주었던 교회가 더 이상의 공간을 제공하려 하지 않자 이 모임은 그곳을 떠나 기쁨공동체교회를 세웠다.

서비스 산업의 성장으로 더욱 많은 사람들이 주말에 근무하게 됨에 따라 주중 저녁 예배가 계속해서 활성화될 것이다. 이미 북미인의 1/3이 주말에 일하고 있다. 점점 더 많은 교회들이 그리스도께 이미 헌신하는 사람들과 신앙의 깊은 성장을 원하는 사람들을 위해 윌로우크릭공동체교회의 유형을 따라서 주중 저녁 예배를 세울 것이다.

흑인 교회는 북미에서 가장 큰 공동체 교회가 될 것이다. 오늘날 미국에서 가장 빠르게 성장하고 있는 교단은 흑인 오순절 교단인 '그리스도 하나님의 교회'(the Church of God in Christ)다.[10] 교단의 성도 수는 거의 400만 명에 달한다. 미국에서 가장 큰 예배실은 흑인 목사가 시무하는 로스앤젤레스 소재 흑인 중심 교회인 크렌쇼크리스천센터(Crenshaw Christian Center)가 소유하고 있다. 이곳의 예배실은 한번에 10,400명을 수용할 수 있다.

알코올, 에이즈, 약물 남용 등과 같은 중독자 사역은 교회가 비기독교인과 관계를 맺는 데 가장 생산적인 역할을 해낼 것이다. 12단계로 이루어진 모든 처방이 도처에서 시행되고 있다. 회복을 위한 사역은 이혼한 사람들, 배우자나 직업을 잃은 사람들 등을 위해서도 이루어진다. 북미에서 가장 큰 주요 교회들 가운데 한 교회가 1950년대 초에 이미 이러한 사역의 중요성을 간파했다. 그 교회 목사는 대부분의 시간을 알코올 중독자들과 함께 보냈다. 오늘날 그 교회의 예배 참석자 수는 5,000명이 넘는다. 이는 그 목사가 사람들의 육적·영적 필요 모두를 돌보았기 때문이다.[11]

재정적인 도움을 주는 방법으로 세계 선교에 참여하는 것만큼이나 교인들이 직접 참여할 수 있는 국내 선교가 중요하게 여겨질 것이다. 사람들은 '돈만 내는 구경꾼'이 되는 대신 선교에 '내 손으로 직접 참여'하는 데 더 많은 관심을 갖기 시작했다. 국내외에서 일생을 바치는 전통적 선교사의 일을 단기 평신도 선교사들이 대신하고 있다. 자기 직업에 만족하는 사람들이 점점 줄어감에 따라, 개인적인 만족을 얻을 수 있는 일을 찾는 사람들이 늘어나고 있기 때문이다.

많은 공동체 교회가 다양한 단기 선교 활동을 제공한다.[12] 단기 선교 활동은, 참여자들이 관심을 가질 때와 개인적인 참여가 가능하도록 가까운 곳에서 이루어지는 선교일 때, 가시적인 결과가 나타날 때, 그리고 재정적으로 책임질 수 있을 때 가장 많은 후원을 이끌어낼 수 있다. 선교 활동이 가능할 정도의 충분한 기금을 모으기 위해서는 신앙 공동체 교회 안의 소모임에게 자주 많은 것을 허용해야 한다.

패러다임 공동체 교회가 기금을 모으는 방식은 다음 세 가지 요인에 때문에 변화되고 있다. 첫째, 사람들은 더 이상 한 가지 이유 때문에 돈을 내놓지 않는다. 점점 더 많은 사람들이 교회 밖의 일에 돈을 기부한다. 둘째, 사람들은 수많은 국내의 필요가 충족되지 못하고 있는 상황에서, 해외 선교에 돈을 보내야 하는 정당한 이유를 찾지 못한다. 셋째, 많은 성인은 자신이 직접 참여할 수 있는 활동에 돈을 내고 싶어 한다.

가계의 여웃돈이 줄어들고 양차 대전을 경험한 세대가 사라져감에 따라 비영리 단체에 대한 기부금도 줄어들 것이다. 21세기에는 많은 교회가 선교와 사역을 위한 기금이 필수적이라는 것을 알게 될 것이다. 기부는 인류의 '생존'을 위한 것이 아니라 '지속적인 번성'을 위한 방편이 되어야 한다. 현상 유지와 시설 확충만을 위한 기부는 썩 유익한 것이 아니라는 것이 증명되고 있다. 이런 식의 [편협한] 기부는 21세기에 사람들에게 감흥을 주지도 못할 것이다.

8

패러다임 공동체 교회의
세 가지 본질적인 요소

패러다임 공동체 교회는 성서적 완결성, 복음 전파, 그리고 탁월성을 우선시한다. 그들은 피상적인 성서 비평을 피한다. 그들이 행하는 모든 것은 성경에 근거한다. 또한 그들은 모든 것을 복음 전파란 이름으로 행한다. 마지막으로, 패러다임 공동체 교회는 자기들이 행하는 모든 것이 탁월하기를 열망한다. 목사와 평신도들은 '예수 그리스도의 이름으로' 이루어지는 모든 것을 옳게 행해야 하며, 그렇지 않으면 행하지 않은 것과 마찬가지라고 생각한다.

"너희는 이 세대를 본받지 말고 오직 마음을 새롭게 함으로 변화를 받아"

(롬 12:2a)

패러다임 공동체 교회는 성서적 완결성, 복음 전파, 그리고 탁월성을 우선시한다. 그들은 피상적인 성서 비평을 피한다. 탁월성이란, 사역의 모든 측면에서 느껴지고 교육되는 열정을 뜻한다. 모든 것은 복음 전파란 이름으로 행해진다. 모든 패러다임 공동체는 이 세 가지 요소를 갖고 있다.

성서적 완결성이 중요하다

패러다임 공동체 교회는 성경에서 진군 명령을 받는다. 공동체 교회의 초점은 수적 성장을 가져오는 프로그램이나 전략에 있지 않고 성경에 있다. 이들이 행하는 모든 것은 성경에 근거한다. 또한 이들의 성서 해석은 지난 30년간 대부분의 개신교회가 그랬던 것보다 더 보수적이다.[1)]

그러나 이들의 보수주의는 왜곡된 구식이 아니라 은혜를 강조하는 새로운 것이다. 패러다임 공동체 교회는 영적 제국주의나 과거 많은 복음적인 신앙표현에서 나타났던 편협성을 내포하지 않는다. 죄는 긍휼과 용서에 대한 강조로 대체된다. 판단은 하나님께 맡긴다. 긍휼이 교리보다 중요하다. 세상 모든 사람은 하나님께서 사랑하시는 자들이기 때문에 모든 기독교인이 사랑해야 할 대상이다. 패러다임 공동체 교회는 복음에 타협하지 않고 각 사람 안에 존재하는 선에 초점을 맞춘다. 이들은 목적의 일치가 신념의 일치보다 더 중요하다는 사실을 알고 있다. 목표는 통합된 그리스도의 몸을 이루는 것이다. 이 목표는 모든 사람들이 똑같이 생각하고, 똑같이 행동하고, 똑같이 바라봄으로 달성되는 것이 아니다.

**전도가
중요하다**
패러다임 공동체 교회는 세상 전체가 예수 그리스도의 존재를 믿도록 복음을 전파한다는 하나의 의제를 가지고 있다. 예배드리는 사람들은 모두 환영받아야 한다. 그러나 지도자 계층에 합류하여 지도력을 펴는 사람들은 예수 그리스도를 주님이며 주인으로 인식해야 하고, 교회 직원이라서가 아니라 '섬기는 자'의 소명을 가지고 기꺼이 봉사해야 한다.

1. 교회의 목적은 지역교회(local church)를 세우는 것이 아니라 지역의 복음화다. 패러다임 공동체 교회는 교회 참석자와 교인을 포함하여 관할 지역의 전체 인구를 자신의 책임으로 여긴다. 이러한 목적을 지닌 사람은 "우리 교회의 규모가 얼마나 되어야 하는가?"라든지 "한 교회당 최적 교인 수는 몇 명인가?" 같은 질문을 하지 않는다. 이들은 모름지기 신앙의 공동체란 한없이 성장하는 법이라는 사실을 알고 있다. 이러한 지도자는, 교회가 주변 사람들의 영육의 구원을 위해 확장하는 것을 포기하는 순간이 교회가 그리스도의 몸이기를 포기하고 구약과 신약에 나오는 자기 파괴적인 종교적 무리 중 하나로 전락하는 순간이라는 사실을 안다.

공동체 교회는 우선 지역민을 겨냥한다. 지역의 비기독교인 수와 생활양식을 파악하기 위해 정교한 인구통계 자료를 이용한다. 새들백벨리 공동체교회는 자신이 목표한 전도대상자의 구체적인 유형이 있다. 교인들은 목표로 삼은 사람을 '새들백 샘'(Saddleback Sam)이라고 부른다. 윌로우크릭공동체교회는 전도 대상자가 남성인 경우 '교회에 다니지 않는 해리'(Unchurched Harry), 여성인 경우 '교회에 다니지 않는 마리아'(Unchurched Mary)라고 부른다.

공동체 교회는 때때로 제도화된 종교를 버린 지역민을 겨냥하기도 한다. 사람들이 교회를 떠난 이유는 교회 안에서 나쁜 경험을 했거나 지쳤기 때문이다. 공동체 교회는 종교에 불만을 품은 사람이나 종교에 무관심한 사람들을 환영한다는 사실을 보이려 한다. 이러한 교회의 시설은 여느 교회와 같지 않고, 예배의 어떤 요소도 전통적이지 않으며, 배포되는 인쇄자료에는 교회를 떠난 사람들을 환영한다는 메시지를 분명하게 담고 있다.[2]

2. 패러다임 공동체 교회는 그리스도에게 철저히 헌신하고 서로에 대해서도 철저히 헌신한다는 점에서 급진적이다. 그리스도에 대한 신앙고백을 하는 것은 교회나 교단의 일원이 되는 것 과 완전히 다른 차원이다. 그리스도에 대한 개인적인 헌신은 중요하지만, 교회나 교단에 가입하는 것은 중요하지 않다. 그리스도에 대한 헌신이 모든 다른 관계의 수준을 결정한다. 그리스도가 최우선이기 때문에 그리스도의 몸인 교회는 새로운 중요성을 갖는다. 교회 안팎에서 이루어지는 여러 관계와 사회적 삶은 회중 교회에 생명력을 가져온다.

등록 교인이 되는 것은 그리스도인의 책임을 받아들인다는 것을 의미한다. 지도자는 개인의 필요와 관심보다 그리스도의 몸을 우선시해야 한다. 보통 십일조와 정규예배 참여가 교회 등록 조건이다. 목사와 지도자는 현재의 삶과 영생의 삶을 위해 행하는 일 모두를 본질적인 것으로 여긴다. 신앙은 그것을 위해 죽어도 좋을 만한 가치가 있다.

유아세례는 이런 상황에 잘 맞지 않는다. 성인세례가 유아세례보다 훨씬 더 큰 의미가 있다. 젊은이는 신앙의 모든 면을 직접 체험해 보는 것이 좋다. 유아세례는 그들에게 성인세례만큼의 의미를 주지 못한다. 왜냐하면 유아세례를 받는 당사자는 [너무 어려서] 세례를 제대로 체험하지 못하기 때문이다. 점점 더 많은 성인들이 세례의 정서적인 힘을 체험하고 싶어 하므로 이들이 성장한 후 재세례를 받을 수 있도록 허용할 필요가 있다.[3] 우리는 더 이상 세례 받은 아이들이 교회에서 양육될 것이라고 생각하거나, 부모로부터 세례의 의미를 배우게 될 것이라고 생각하지 않는다. 유아세례를 장려하는 교단은, 세례를 받은 아이들이 후일 세례나 성만찬에 직접 참여하면서 자기 인생의 앞날을 스스로 결정하도록 하는 것이 중요하다는 점을 강조해야 한다.

그리스도에 대한 헌신은 가족이나 국가, 혹은 부유함에 앞선다. 개인적인 회심과 참여가 교회에 등록하는 것보다 중요하다. 한 공동체 교회에서는 방문자들에게 주일마다 이렇게 말한다. "우리의 사역에 동참하기를 원한다면, 지금 이쪽으로 와서 당신의 뜻을 밝혀주세요." 어떤 교회에서는 예배 중에는 교회 등록에 대한 언급을 전혀 하지 않는 대신 그리스도에 대한 헌신을 강조한다. 그리고는 가정에서 이루어지는 소모임에서 교회 등록의 의미가 무엇인지, 그들의 영적 맥박이 어떠한지에 대한 설명과 함께 등록을 권유한다. 교회에 등록한 교인은 책임과 봉사라는 핵심적 요소를 담당해야 한다. 많은 공동체 교회는 등록 전에 먼저 사역에 동참해 볼 것을 권유한다.

청소년을 위한 견진성사 수업 역시 더 이상 의미를 갖고 있지 못하다. 우리는 콘스탄티누스 대제가 저지른 집단적 교회 등록을 더 이상 계속해서는 안 된다. 아이들과 청소년은 각각의 개인으로 예수 그리스도께 인도되어야 하고, 하나님의 성결의 은혜를 체험해야 한다. 청소년을 교육하여 그들이 자신의 삶 속에서 일어나는 하나님의 운행하심에 반응할 수 있도록 돕는 새로운 방법을 찾아야 한다.

새로운 기독교인들을 위한 장기간의 훈련 수업이 중요하다. 이 수업은 교리 수업만큼이나 영적인 면에서 중요하게 계획되어야 한다. '어떻게 봉사하는가'는 그가 '무엇을 알고 있는가' 만큼 중요하다. 섬김은 지도력의 척도다. 새로운 기독교인에게 섬김의 의미는 '의무'가 아니라 '완성을 위한 열망'에서 오는 '섬김'에서 발견할 수 있게 해 주어야 한다. 교회는 타인에 대한 봉사를 통해 그리스도의 몸에서 자기 위치를 발견하는 방법을 알려주어야 한다.

새신자를 위한 성공적인 모델은 세인트루이스의 교외에 있는 한 주요 교회에서 찾아볼 수 있다. 이 교회의 교인이 되기를 열망하는 사람들은 평신도 지도자와 보직자가 인도하는 13주의 훈련을 마쳐야 한다. 훈련에서 영성과 팀 활동을 강조한다. 훈련에 참여하는 사람들은 주일 아침 수업에 함께 가거나 주중에 소모임으로 만날 정도로 오랫동안 함께 시간을 보낸다. 이 교회는 큰 교회로의 성장을 기대할 수 없는 지역에서 무려 10년 동안 꾸준히 성장해 왔다.

질이 가장 중요하다

패러다임 공동체 교회는 자기들이 행하는 모든 것이 탁월하기를 열망한다. 목사와 평신도들은 '예수 그리스도의 이름으로' 이루어지는 모든 것을 옳게 행해야 하며, 만일 그렇지 않으면 행하지 않은 것과 마찬가지라고 생각한다. 탁월성을 향한 열정은 전염성이 강하다. 열정은 대부분의 교회가 불가능하다고 여겼던 목표를 향하도록 자극한다. 그러나 더 중요한 사실은 이와 같은 태도가 목표를 향한 과정에 참여한 모든 이들에게 자기 존중감을 부여한다는 것이다. 시간이 지나면 사람들은 자신들이 [성경에서] 읽은 것을 실제로 믿게 된다. "내게 능력 주시는 자 안에서 내가 모든 것을 할 수 있느니라."(빌 4:13)

알반 연구소(Alban Institute)의 다니엘 바일스(Daniel V. Biles)는 루터주의 교회의 몇몇 목사와 교회를 선택하여 연구했다. 그는 인터뷰한 결과들을 분석하여 질을 평가하는 공식을 알아낸다. ① 신앙에 대한 충성이 질로 나타난 것이 탁월성이다. ② 탁월성은 또한 한 교회가 사역하는 환경에 대한 반응으로 나타난다. ③ 선교, 지도력, 평신도의 헌신과 소명의식이 탁월성의 토대가 된다. ④ 탁월한 질은 높은 수준의 예배, 높은 수준의 교육, 높은 수준의 돌봄과 전도활동으로 표현된다.[4]

요컨대 건강하게 성장하는 교회와 여타 교회 사이에서 나타나는 뚜렷한 차이는 결코 특별한 성공 비법이 있어서가 아니다. 이들을 구분하는 특징은 '보통의 평범하고 지루한 사역 과제'를 '비범하게 잘' 행하는 데서 나타난다. 건강하게 성장하는 교회는 자신의 규모, 사회경제적 구조, 교회의 위치, 환경의 변화에 상관없이 맡겨진 사역을 잘 해낸다.[5]

탁월성을 향한 이러한 열정은 목사들의 솔선수범에서 시작된다. 탁월성은 목회 비전의 기본 요소다.

패러다임 공동체 교회를 향한 질문

패러다임 공동체 교회가 성경의 증인 된 위치에서 사회정의를 진지하게 받아들일 만큼 성숙한가? 20세기 후반에 많은 교회들이 인류의 영적 필요를 도외시하고 육적 필요에만 집중했다. 사람들은 육체적인 필요에 직면했을 때 쉽게 눈물을 흘린다. 그러나 하나님과 인간 사이의 영적인 틈이 더욱 벌어지고 있다는 사실에 대해서는 거의 눈물을 흘리지 않는다. 21세기에 도사리고 있는 위험은 진자가 흔들리는 방향이 달라질지도 모른다는 것이다. 패러다임 공동체 교회가 하나님을 만날 준비를 하는 것에만 몰두한 나머지 세상에서 기독교인으로서의 삶을 사는 것에서 오는 기쁨에 대해서는 잊어버릴 수도 있다. 육체적인 면의 중요성을 간과하지 않으면서 영적인 면에 우선적으로 집중하는 공동체 교회는 21세기에도 여전히 부흥할 것이다.

콜로니얼힐스교회는 여러 번 사회정의 문제에 직면했다. 공적 영역에 대한 참여나 사회정의에 대한 헌신은 다른 많은 사람들의 참여를 이끌어내지 못했고, 참여하는 사람이 있어도 시간이 지나면서 점점 사라져갔다. 지난 10년에 걸쳐 수백 명의 활동적인 교인들이 다른 교회로 옮겨갔다. 왜냐하면 이들은 사회정의에 관련된 일에 목사와 평신도가 개입하지 말아야 한다고 생각했기 때문이다. 로버트 맥카피 브라운(Robert McAfee Brown)과 함께하는 평화 컨퍼런스를 떠난 이들도 있고, 공동체 조직과 관련한 일로 인해 거칠게 항의하는 이들도 있었다. 그러나 우리는 계속 복음에 충실했다.

패러다임 공동체 교회의 미래와 관련해 내가 가장 주목하는 부분은 과연 그들이 '낙태'나 '동성애' 같은 쟁점을 넘어 사회정의에 참여하는 지점까지 도달할 수 있는가 하는 부분이다. 시간만이 답을 안다.

쉽지 않은 여행길

공룡과 함께 춤추기가 쉽지 않을 것이다. 영적인 두 발이 견딜 수 없을 정도로 너무 아파 공룡과의 춤이 끝나기도 전에 떠나는 사람들도 있을 것이다. 감당할 수 없을 만큼 많은 갈등이 발생할 것이다. 춤에서 살아남지 못하는 사람도 있을 것이다. 도전의 무게에 짓눌리기도 할 것이다. 그러나 진지한 기독교인이라면 이 책에서 하고 있는 제안에 많은 사람들의 생명이 달려 있다는 것을 무시할 수 없을 것이다.

패러다임 공동체 교회를 발전시키려면 자기를 완전히 희생하고 오직 하나님이 주시는 능력에만 의존해야 한다. 이는 목사와 평신도로 하여금 헌신의 진지성에 대해 재평가하도록 하는 계기가 될 것이다.

난관에 봉착할 목사도 있을 것이고, 직업을 잃는 목사도 있을 것이며, 부족함이 없는 평신도와 임원들의 극심한 반대에 부딪힐 목사도 있을 것이다. 또한 생각보다 더 오랫동안 더 힘들게 사역해야 하는 목사도 있을 것이다.

평신도는 스스로에 대한 기대의 수준을 재평가해야 할지도 모르겠다. 이 책에서 제시된 내용을 따르는 것은 수십 년 동안 섬겨온 프로그램들과 제도적인 구조의 종언을 의미하며 이에 따라 수년 간 사랑해온 교회를 폐쇄하거나 합병하거나, 혹은 이전해야 할지도 모른다. 교회 건물과 그리스도의 새 생명 전파 가운데 어느 것이 더 중요한지를 결정해야 할 평신도도 있을 것이다.

21세기에 효과적인 패러다임 공동체 교회를 발전시키는 일을 위해 지도자에게 도움이 되는 11가지의 실천적인 제안이 있다. ① 공룡과 춤추는 것을 두려워 마라. 그것은 즐거운 일이기도 하다. 위험을 무릅쓰고 성령이 당신을 혁신적인 사역으로 인도하도록 하라. ② 기도로 무장하고 하나님께서 사용할 수 있는 위치에 당신을 놓아라. ③ 사람들의 말에 귀를 기울여라. 오늘날 필요한 사역 유형을 평가하기 위해 교회 담장 너머에서 이루어지는 모든 대화를 활용하라. ④ 비전을 찾고, 비전을 기회가 닿는 대로 전파하라. ⑤ 사람들에게 성경을 가르치고 그들 혼자 기도하는 법을 알려주어라. ⑥ 평신도가 할 수 있는 유형의 사역을 개발하라. 평신도에게 직접 사역하는 것을 피하라. 사역 지도자나 소모임 훈련자를 훈련하는 데 가장 많은 시간을 사용하라. ⑦ 신학보다 사회학을 더 많이 공부하라. 사람들이 어떻게 생각하고 어떻게 느끼는지, 또한 시스템이 어떻게 작동하는지 배워라. ⑧ 당신의 격려나 지지가 없다면 감히 꿈도 꾸지 못했을 일을 하도록 사람들을 격려하라. ⑨ 사람들을 효과적으로 그리스도께 인도하고 소모임에서 양육하기 위해서는 당신이 섬기는 지역에 나타나는 주요 생활 방식을 파악하여 겨냥하라. ⑩ 당신이 가진 모든 것을 바칠 준비를 하라. ⑪ 무엇보다도, 일단 평신도들이 준비되면 한 발 비켜서서 그들이 하나님의 제사장이 되게 하라.

제1장. 터질 듯한 술 부대, 우적우적 먹는 양떼

1) 1992년 미국 하원은 모든 비영리 단체들이 전화나 서신으로 요청하는 모든 사람들에게 세금반환에 대한 IRS form 990의 사본을 제공해야 한다는 법령을 통과시켰다. *National & International Religion Report*, Vol. 6, No. 16, July 27, 1992.

또한 1992년에는 전보다 훨씬 더 많은 교회 대 국가의 사건들이 대법원의 사건 요록을 채웠다. 다음과 같은 판결들을 생각해 보라: 신자가 아닌 사람들은 기도를 용납하지 않는다. 왜냐하면 그것은 학생들을 종교단체에 참여하도록 강요하기 때문이다. 덴버학교의 한 선생은 수업 중에 학생들이 자습하는 동안 조용히 성서 읽는 것을 법적으로 금지당했고, 또한 교실 도서관에 예수님 그림과 성경적 그림을 걸어 놓는 것도 금지당했다. 일리노이 주의 공무원들은 이탈리아 문화 축제 기간 동안 가톨릭 미사를 승인함으로써 교회와 국가의 분리를 위반했다. 일리노이 주의 시온과 롤링 메도우 시의 표시인 십자가는 위법이다. 왜냐하면 그 십자가들은 종교에 정부의 승인을 표현해 주기 때문이다. 노스캐롤라이나 주의 판사는 재판을 기도로 시작함으로써 법을 위반했다. 노동자들에게 종교적인 이유로 노조 일원이 되지 않는 것을 허용한 연방법은 위법이다. 왜냐하면 그것은 정부로 하여금 사람들을 종교적 신념에 근거해서 구분케 하기 때문이다. *National & International Religion Report*, Vol. 6, No. 15, July 13, 1992.

2) 하나님은 세상을 창조하고, 그것을 즐기고 돌보도록 우리에게 주셨다. 하나님은 아브람에게 이 선물을 갱신해 주었는데, 이것은 하나님이 아브람으로 하여금 그를 큰 민족의 아비로 만들겠다고 한 언약을 말한다. 하나님은 이 민족에게 타 민족을 비추는 빛이 되라고 하셨다. 이집트의 노예로 있을 때 하나님은 모세를 보내서서 그들에게 삶이 풍요로워지는 '젖과 꿀이 흐르는 땅'의 약속을 상기케 하셨다(출 13:5).

시간이 흐르면서, 이스라엘은 타 민족들을 비추는 빛이 되기를 거부했고, 하나님은 "내가 온 것은 양으로 생명을 얻게 하고 더 풍성히 얻게 하려는 것이라"(요 10:10b)고 말씀하신 나사렛 예수 안에 있는 새 생명을 전하는 열정을 새롭게 하셨다. 예수님은 말씀대로 행동하셨다: "누구든지 제 목숨을 구원하고자 하면 잃을 것이요 누구든지 나를 위하여 제 목숨을 잃으면 찾으리라"(마 16:25). 예수님은 이 진리를 자신의 죽음을 통해 나타내셨고, 하나님은 그를 부활시킴으로써 이 진리를 확증하셨다.

죽음과 부활 이후, 예수님은 남은 제자들에게 다음과 같은 내용을 상기시켜 주셨다: "오직 성령이 너희에게 임하시면 너희가 권능을 받고 예루살렘과 온 유대와 사마리아와 땅 끝까지 이르러 내 증인이 되리라"(행 1:8). 예수님이 말씀을 하신 직후, 신약 교회가 탄생되었다. 초기의 제자들이 새 생명의 선물을 이방인들에게 전하는 것을 꺼려하고 있었을 때, 베드로가 고넬료라는 헬라인에게 복음을 전하라는 소명의 환상을 보았다. 또한 나머지 제자들이 '땅 끝으로' 가기보다 예루살렘에 남기를 선택했을 때, 사울이 바울이 되어, 새 생명의 메시지를 땅 끝까지 전했다.

이야기는 여기에서 그치지 않는다. 하나님의 창조 목적은 오늘날에도 우리 가운데 살아있다.

3) 치료모델(therapeutic models)로 훈련된 사람들은 성장하는 교회에서는 제 역할을 하지 못하는 경향이 있다. 교회의 보직을 맡은 이들은 책임감이 없다. 그리고 교회가 보직자의 능력 수준 이상으로 성장하는 지점에 이르렀거나 이들이 더 배우려고 하지 않더라도 목사는 그 보직자를 쉽게 해고할 수도 없다.

제2장. 역사의 틈새 시대에

1) 미래를 매혹적으로 보려면 다음 책을 보라.
Benjamin R. Barber. "Jihad vs. McWorld," *Atlantic Monthly*. March 1992, pp.53–63.
2) Albin Toffler. *Powershift: Knowledge, Wealth, and Violence at the Edge of the 21st Century*. New York: Bantam Books, 1990, p.xix.
Lance Morrow. "Old Paradigm, New Paradigm." *Time*. January 14, 1991, p.65.
3) Gerald Celent. *Trend Tracking*. New York: John Wiley & Sons, 1990, pp.11–18.
글로벌노믹 시스템(Golobalnomic system, 다차원적인 분석과 미래예측, 전향적인 분석)에 대한 셀렌트의 정의를 특히 주목하라.

4) 성장학의 권위자인 에드워드 데밍(Edward Deming) 역시 성장하는 조직들에는 대부분 패러다임 변화가 먼저 일어난다고 말한다.

5) 북미에서 발생하고 있는 종교적이며 영적인 대 격변에 대한 가장 우수한 책들이 최근에 쓰였다. 다음의 책이 주목할 만하다. Kennon Callahan. *Effective Church Leadership*. New York: Harper & Row, 1991.; Loren Mead. *The Once and Future Church*. New York: The Alban Institute, 1991.; Lyle Shaller. *The Seven-Day-A-Week Church*. Nashwille: Abingdon Press, 1991.

   이 저자들은 우리가 사는 사회가 기독교적 사회가 아니라 선교의 장이라는 사실을 알려준다. 우리는 대부분의 교회가 주목하지도 않으며 영향력도 거의 끼치지 못하는 세속사회에 사는 첫 북미 세대다. 우리가 살고 있는 이 세상은 1세기 기독교인들이 살았던 세상과 유사하다. 저자들이 저마다 내놓는 북미 변화의 청사진 가운데 한두 개는 일치한다. 우리는 개신교의 딜레마를 분명하게 말하려는 용기를 지닌 그들에게 빚지고 있다.

6) Martin Marty. "Why is Everybody Always Picking on Evangelicals," *Context*. Vol. 23, No. 6, 1991, pp.1-3.

7) 1991년 8월 26-28일에 있었던 서남부 텍사스 연회에서의 워크숍.

8) 1991년, 약 50개 교단을 대표하는 800명 이상의 기독교 지도자들은 네트워크와 방송들, 그리고 영화사업자들에게 반 기독교적 편협한 행위를 종식시켜 달라는 탄원서를 제출했다. 다음을 보라.
"Christian Leaders Call for End to Anti-Christian Bigotry," *Evangelical Press News Service*. March 15, 1991, p.1.

9) 더 많은 정보를 얻으려면 다음을 보라.
Robert Ellwood, Jr.. *Alternative Altars: Unconventional and Eastern Spirituality in America*. Chicago: University of Chicago Press, 1979.

10) 더 많은 정보를 얻으려면 다음을 보라.
Martin Marty. "A Special Issue: The Human Genome Project," *Context*. No. 21, 1990, p.3.

11) 지금이 분류의 시대라는 주장에 미래학자들이나 과학자들이 모두 동의하는 것은 아니다. 새로운 발전의 속도가 예상치 못한 새로운 발견들로 인해 비약적으로 가속하리라 믿은 학자들도 있다. 그러나 지금이 정보 시대라는 것과 정보를 통제하는 사람이 곧 힘을 갖게 된다는 사실에는 모두가 동의한다.

12) 과학은 많이 알면 알수록, 안다는 사실을 덜 확신하게 된다. 1991년, 빅뱅 이론에 결함이 있다는 사실이 발견되었고, 천문학자들은 현재 은하계의 신비를 설명할 수 있는 다른 방법을 탐구하고 있다.

Michael D. Lemonick, "Bang! A Big Bang Theory May Be Shot," *Time*, January 14, 1991, p.63.

13) 경제생태신앙(Econ-ecofaith)은 경제상태가 지구의 원기회복을 강력하게 추진할 것이라는 믿음을 가리킨다. 상업이 불가능한 상황이 될 때, 세계의 무역상들은 환경측량을 상업의 주요 형태로 삼는 방법을 찾을 것이다. 그때까지는 종교도, 베이비붐 세대도 환경에 문제를 일으키지 않을 것이다.

과학기술이 환경을 돌보고 성장시키는 자산이 될 것이라고 생각하는 사람들도 있고 (Martin Marty, *Context.* July 1, 1990, p.4.), 종교가 그 역할을 할 것이라고 보는 사람들도 있다. (Russell Chandler. *Racing Toward 2001.* Grand Rapids: Zondervan Publishing House, 1992, p.78.)

생물 중심주의는 인간의 독특성을 창조의 절정으로 파악하는 것을 약화시키고, 죄로부터의 구원과 개인적인 구원보다 우주의 창조적인 힘을 강조한다. 21세기의 위험은 뉴 에이지 운동과 생물 중심주의 운동이 창조주 하나님의 기독교적 관점과 경쟁하며, 이 관점을 창조 자체에 대한 예배로 대체하는 것이다. 생태신앙은 "거룩한" 지구가 하나님의 창조로서 존경되어야 한다고 선포하는 운동이다.

생물 중심주의는 시험관 수정, 장기 이식, 등급 매기기, 대리모, 죽을 권리, 태아 조직, 유전자 수술, 유언장, 안락사 등을 포함한다.

14) 1992-93 바나 보고서(Barna Report)에 의하면, 죄의 개념이 시대착오적인 발상이라고 생각하는 사람들이 전 인류의 24%를 차지한다.

15) John Naisbett. *Megatrends.* New York: Morrow, 1990, pp.298-309.

16) 좀 더 많은 정보를 원한다면, 다음 책을 보라.

George Barna. *The Frog in the Kettle: What Christians Need to Know about Life in the Year 2000.* Ventura, California: Regal Books, 1990.

17) 다음 글을 보라.

Norval D. Glenn. "What Does Family Mean," *American Demographics.* June 1991, pp.30-36

Joseph M. Winski. "Who We Are, How We Live, What We Think," *Advertising*

Age. January 20, 1992, p.16.

18) Richard Olsen, Jordan Leonard, Jr.. *Ministry with Families in Flux: The Church and Changing Patterns of Life.* Louisville: Westerminster/ John Knox Press, 1990, p.85.

19) 좀 더 많은 정보를 원한다면, 다음 글을 보라.

George Gallup, Jr.. "Tracking America's Soul," *Christian Today.* November 17, 1989.

20) 좀 더 많은 정보를 원한다면, 다음 책을 보라.

Theodore J. Gorden. "Technology and the Future of Business," *The Futurist.* May–June 1992, p.26.

21) William Schneider. "The Suburban Century Begins," *Atlantic Monthly.* July 1992, pp.33–44.

22) 미국 가정들의 1%가 국부의 1/3을 소유하고 있다. 1988년에는 백인 세 가구 가운데 한 가구가 10만 달러 이상의 소득을 신고했다.

Robert Pear. "Rich Got Richer in the 80's; Others Held Even," *New York Times.* January 10, 1991, pt. A, p.1.

Tom Sine. *Wild Hope.* Dallas: Word Publishing, 1991, p.41.

23) 좀 더 많은 정보를 원한다면, 다음 글을 보라.

Neil Howe and Willam Strauss. "The New Generation Gap," *Atlantic Monthly.* December 1992, pp.67–89.

24) Naula Black. *Shifting Gears: Thriving in the New Economy.* Collins Canada, Harper, 1990.

25) John Naisbett. *Megatrends.* pp.118–153.

26) 좀 더 자세한 사항을 알고 싶으면, 1992년 판 미국 인구 통계표를 보라.

27) 좀 더 자세한 사항을 알고 싶으면 다음 글을 보라.

John K. Urice. "The Next Century: The Impact of Social and Economic Trends on the Arts in Education," *Design for Arts in Education.* May–June 1989, p.37.

28) James H. Shonk. *Team Based Organizations.* Homewood, Ill.: Business One Irwin, 1992.

Rich Maurer. *Caught in the Middle.* Cambridge: Productive Press, 1992.

29) 좀 더 자세한 사항을 알고 싶으면 다음 글을 보라.

Albin Toffler. *Powershift.* p.226.

30) 좀 더 자세히 알고 싶으면 다음 글을 보라.

Michael Kami. *Trigger Points.* New York: McGraw Hill, 1988, pp.21-36.

John Naisbett. *Megatrends.* chaps. 3, 4, and 6.

31) Russel Chandler. *Racing Toward 2001: The Forces Shaping America's Religious Future.* Grand Rapids: Zondervan Publishing House, 1992, p.124.

32) Arther D. Little. "What Executive Need to Learn," *Prism.* Fourth Quarter, 1990.

33) 다음 두 책을 보라.

Gerald Celente., *Trend Tracking.* New York: John Wiley & Sons, 1990.

Neil Postman. *Amusing Ourselves to Death; Public Discourse in the Age of Show Business.* New York: Penguin Books, 1986.

34) 좀 더 자세히 알고 싶으면 AP 통신에서 쓴 다음 글을 보라.

Judy Daubenmier. "Education: Up to a Million American Families Maintain Home-School Where Their Children Are Taught," *Los Angeles Times* (Bulldog Edition). March 11, 1990, pt. A, p.27.

35) Waldrop. "You'll Know It's the 21st Century," *American Demographics.* pp.23-27.

36) John Naisbett, *Megatrends.* pp.216-239.

37) 여성의 눈을 통해 다가오는 세상을 보게 해주는 좋은 책은 다음과 같다.

Nell Morton. *The Journey Home.* Boston: Beacon Press, 1985.

Rosemary Radford Ruether. *Sexism and God-Talk: Toward a Feminist Theology.* Boston: Beacon Press, 1983.

38) 이에 대한 설명을 보려면 마이클 카미(Michael Kami)의 글을 보라. 기회 경영은 흐름을 탐지하기 위해 암암리에 살펴보는 것이다. 그것은 "일견 상관없이 보이는 사실들을 변화시키고 적응시키기 위해 다른 측면에서 생각하는 것"이다. 카미 역시 우리는 미래에 관해 예측할 수 없고, 대신 가정할 뿐이라고 말한다.

Michael Kami. *Trigger Points.* pp.89, 148-151.

39) William McKinney. "From the Center to the Margins," *Books & Religion,* Winter 1989, p.3.

제3장. 비주류파

1) Walter Kiechel. "The Leader as Servant," *Fortune Magazine.* May 4, 1992, p.121.

2) Michael Kami. *Trigger Point.* pp.37-42.

3) Peter Drucker. *Managing for the Future.* New York: Penguin Books, 1992.

4) 세 요소에 관해 좀 더 자세히 알고 싶으면 다음 글을 보라.

   Joel Barker. *Future Edge.* New York: Morrow, 1992.

5) 다른 이들에게 새 생명을 제공하려는 사람들에게 하나님께서는 자유로이 새 생명을 주신다. 그러나 전통이 새 생명을 질식시키는 데는 오래 걸리지 않는다. 바리새인들은 예수의 탄생보다 겨우 60년 앞서 나타났음에도, 그들의 힘과 권위는 수세기 동안 지속되었다.

6) 많은 기독교 지도자들은 교인들을 구별하려고 하지 않는다. 왜냐하면 패러다임 가정 중 하나가 '기독교인은 너무 멋지다' 는 것이다. 많은 사람들은 너무나 상호의존적이어서 삶과 죽음에 대한 결정을 내릴 수 없다. 그 결과, 도움을 받아야 하는 많은 사람들이 역사의 틈새에서 길을 잃고 헤맨다.

7) Lyle Schaller. "The Big Boxes Are Coming," *Net Results.* August, 1992, pp.6-7.

8) 로스앤젤레스, 댈러스, 애틀랜타, 플로리다, 피닉스, 시애틀, 샌프란시스코, 멤피스, 덴버 등은 매년 예배 인원이 100명 이상씩 성장하는 주요 교회들을 지니고 있는 대도시다.

   John N. Vaughn. "North America's Fastest Growing Churches 1989-90," *Church Growth Today.* Vol. 7, No. 1, prt. 2. 1992.

9) 라일 쉘러에 의하면, 21세기에서 가장 큰 교회들 가운데 한곳으로 움직이는 숫자는 450명이다. 그는 *The Seven-Day-A-Week Church*라는 책에서 그 이유를 설명한다. 아마도 이 책이 최근에 나온 그의 책 중에서 최고일 것이다.

제4장. 양떼를 목초지로 다시 인도하기

1) Alvin Toffler. *Powershift.* p.3.

2) *The Wall Street Journal.* November 20, 1991, pp.A1, A6.

3) 1세기 이후, 교회의 기본 사역은 점차로 세상을 복음화하는 도구로 남아 있기보

다, 공동체 안으로 들어갔다. 이에 대해 더 알고 싶다면 다음을 보라.

J. N. D. Kelly. *Early Christian Doctrines*. San Francisco: Harper, 1978, p.219

J. G. Davis. "The Disintegration of the Christian Initiation Rite," *Theology*, 1947.

4) 사도교부라 불리는 그리스도교 저술가에는 성 클레멘스(Clement of Rome), 이그나티우스(Ignatius), 성 폴뤼카르포스(Polycarp), 제2 클레멘트의 저자, 바르나부스(Barnabus), 헤르마스(Hermas), 저스틴(Justin), 아리스티데스(Aristides), 테오필리우스(Theophilus), 테티안 아스네고라스(Tatian Athenagoras) 등이 포함된다.

5) 이것이 초대교인을 묘사하는 첫 번째 방법이다. 그들은 길 되신 예수 그리스도를 따랐다.

6) 사도행전 7:59의 스데반을 돌로 치는 것이 한 예다. 바울은 수없이 옥에 갇혔다.

7) M. Scott Peck. *The Different Drum*. New York: Simon and Schuster, 1987, p.59.

8) E. Mansel Pattison. *Pastor and Parish-A Systems Approach*. Philadelphia: Fortress Press, 1977), p.19.

9) '집'에 대한 자료는 신약성서 곳곳에서 볼 수 있다. 막 2:1, 막 7:14-27, 막 9:33, 막 14:14, 마 13:26, 눅 10장.

10) 바울은 고린도전후서에서 하나님의 교회를 두 번 언급한다. 고전 1:2, 고후 1:1.

11) 사도행전 20:6-12에 따르면, 바울이 드로아를 방문하여 가정교회를 모아 가르쳤다.

12) "교회"의 희랍어는 "불러내다"라는 뜻을 지닌 "에클레시아"다.

13) 사도행전 1:8에서 예수님은 이렇게 말씀하셨다. "예루살렘과 온 유대와 사마리아와 땅 끝까지 이르러 내 증인이 되리라." 사도행전에 나오는 베드로의 설교는 초대교회의 기본적인 메시지를 나타낸다. 사도행전 1:14-36도 보라.

14) 하나님은 이스라엘을 위해서도 똑같은 계획을 갖고 계셨지만, 이스라엘이 거부했다. 이스라엘은 "열방의 빛"으로 선택되어, 이집트에서 구출되었다. 이스라엘의 문제는 자기가 특별해서 선택되었다고 생각하는 것이었다. 하나님은 계속해서 이스라엘이 특별한 것은 선택되었기 때문이라는 사실을 상기시켜 주셨다. 이스라엘은 끊임없이 "영문의 낯선 자"를 돌볼 책임이 있다는 사실을 기억해야 했다. 그러나 이스라엘은 자신이 특수하기 때문에 선택되었다고 믿었다.

15) 사도행전 16:16-24에서, 바울은 기도하러 성전으로 가는 도중 귀신들린 여인을 치유하기 위해 시간을 내었다. 그가 그녀 옆을 지나간 것이 여러 번이었지만, 오늘 그녀 앞에 선 것이다. 사도행전 10:1-31에서, 베드로는 이방인 고넬료에게 새

생명을 전하는 일 속에 함축된 편견을 다루고 있다. 바울은 빌레몬서에서 수신자(빌레몬)가 노예를 소유하고 있다는 사실을 간과한다. 이 사례들은 사회정의에 무관심해서는 안 된다는 사실을 보여주며, 또한 개개인이 그리스도 안에 있는 새 생명을 경험하지 못한다면, 사회정의 역시 궁극적으로는 무의미하다는 사실을 알려준다.

16) 이 단순한 진술이 초기 공동체 신앙의 전부를 나타내는 것은 아니었다. 입문자 교육은 곧 기본이 되었지만, 그것을 당연한 신앙의 출발점으로 삼지는 않았다.

17) Stuart G. Hall. *Doctrine and Practice in the Early Church*. Grand Rapids, Mich.: Eerdemans, 1991, p.21. 홀은 마르시오니스트가 정통이 아니라고 말한다.

18) 사도행전 2:38, 3:6, 3:16, 4:10, 4:18, 5:31-32, 5:42, 7:54-56, 7:59 10:46-48, 13:27-33, 15:26, 16:18, 16:31, 18:5, 18:28 19:4-5, 19:13, 19:17, 20:21, 21:13, 22:8, 28:31.

19) Oscar Cullmann. *The Earliest Christian Confessions*. trans. by J. K. S. Reild. London: Lutterworth Press, 1949, chaps. 2, 3, and 4.

20) *Creeds of the Churches*. edited by John H. Leith. Louisville: John Knox Press, 1982 ed., p.3.

21) C. H. Dodd. *The Apostolic Preaching and Its Developments*. p.17.

22) Corwin, Virginia. *St. Ignatius and Christianity in Antioch*. New Haven: Yale University Press, 1960.

23) J. D. Kelly. *Early Christian Doctrines*. revised edition. Harper Collins, New York, 1978, p.29. 기독론의 발전에 대한 자세한 사항을 보려면 137-162쪽을 보라.

24) Interrogatory Creed of Hippolytus (A.D. 215), Creed of Marcellus (A.D. 240), Creed of Caesarea (A.D. 325), The Nicean Creed (A.D. 325). 사도신경은 A.D. 710년과 724년 사이에 최종적으로 완성되었다. 이 신조들은 초대교회에서 너무 멀어진 것이어서 오늘 우리의 상황에 맞지 않는다.

25) 로마서 6:3, 갈라디아서 3:27, 고린도전서 12:13 등을 보라.

26) 영적인 은사의 활용을 언급하고 있는 기본적인 성경말씀은 다음과 같다. 로마서 12:1-8, 고린도전서 12:1-27, 고린도전서 14:1-5, 에베소서 4:1-7, 11-16, 베드로전서 4:8-11.

27) 신약성서의 책임범위를 나타내는 이야기는 사도행전 5장에 있다.

28) 이 사건에 대한 완전한 설명은 사도행전 14-16장에 있으며, 베드로의 환상에 대한 설명은 사도행전 10장에 있다.

29) *Cell Church Magazine.* Vol. 1, Number 2, p.2.

제5장. 프로그램 중심 교회의 몰락

1) 물론 소모임 사역은 오랫동안 이루어져 왔다. 존 웨슬리는 17세기에 속회 모임을 활발하게 발전시켰다. 세렌디피티(Serendipity)는 리만 콜만(Lyman Coleman)의 지도하에서 수십 년 동안 소모임을 발전시켰다. 랄프 네이버의 Touch Outreach Ministries는 1992년에 10주년이 되었다.

2) William M. Easum. *The Church Growth Handbook.* Nashville: Abingdon Press, 1990.

3) 소모임 사역은 결코 새로운 것이 아니다. 존 웨슬리는 속회를 발전시켰다. 하지만 세월이 지나면서 많은 교육을 받고 적게 순회하는 성직자의 출현과 함께 속회 역시 죽었다. 성약 제자훈련(Covenant Discipleship)이라는 명칭 하에 속회를 개혁하려는 운동이 연합감리교회(United Methodist Church) 교인들 사이에서 일어났다.

4) Elmer Towns. *10 of Today's Innovative Churches.* Ventura, California: Regal, 1990, p.235.

5) 보다 자세히 알고 싶으면 다음 글을 보라.
Dale Galloway. *20/20 Vision.* Portland: Scott Publishing, 1986.

6) 데일 목사와의 인터뷰. 1992년 11월 8일, 워싱턴 시애틀.

7) 전화 돌봄 사역을 위한 자료는 오리건 주 포틀랜드에 있는 새소망공동체교회에 주문해서 구입할 수 있다.

8) Carl George. *Prepare Your Church for the Future.* New York: Fleming August, 1991, Denver.

9) 1991년 8월 덴버에서 개최된 리더십 네트워크 모임에서 칼 조지와의 인터뷰.

10) 킹햄스버그교회의 비디오테이프는 총 6개이며 다음 곳에서 구입할 수 있다.
United Theological Seminary의 Media Resources for Ministry 주소: 1810 Harvard Blvd., Dayton, Ohio 45406, 전화: 1-800-322-5817.

11) 마이크 슬로터 박사. 출처: 갱신을 위한 슬로터 박사의 조건을 특징화한 광고의

앞면.

12) Ralph Neighbor. *Where Do We Go From Here?* Houston: Touch Publications, 1990, p.405. 이와 같은 변화를 원하는 목회자들은 필히 26장을 보라.

13) 더 많은 정보를 원하는 교회는 랄프 네이버를 만나라. Touch Outreach Ministries 주소: Box 19888, Houston, Texas 77224.

14) 셀 중심의 모델로 변화하기 원하는 프로그램 중심 교회는 '북극성 작전'을 참조하라. North Star Strategies 주소: 1500 N. Lincoln, Urbana, Ill. 61801. 담당자: Jim Egli 전화: 217-384-3070.

15) *Cell Church Magazine* 주소: Box 19888, Houston, Tex. 77224. 또한 "Cell Church," 주소: 14925 Memorial Drive, Suite 101, Houston, Tex. 77079.

16) Neighbor, *Where Do We Go From Here?*

17) Jügen Moltmann. *Hope for the Church.* Nashville: Abingdon Press, 1979, pp.21, 34.

18) 2,000명 이상 되는 교회의 담임목사들 가운데 30% 이상이 신학교를 나오지 않은 목회자들이다. *Newscope.* March 6, 1992, p.2.

19) 윌로우크릭공동체교회는 내가 본 중에 가장 포괄적인 은사목록을 발전시킨 교회다. 그 목록을 입수하려면 풀러 연구소(Fuller Institute)에 "Networking"을 신청하면 된다. 연구소 주소: Box 919901, Pasadena, Cal. 91109. 전화: 1-800-999-9578. 비용: $67.95. 풀러 연구소는 몇 개의 다른 모델들도 지니고 있다. 보다 짧고 적은 노력을 요하는 축약된 모델, "당신의 영적 은사능력 확인하기"(Identifying Your Spiritual Giftabilities)는 Net Press에서 제공된다. 주소: 5001 Avenue N., Lubbock, Tex. 79421.

20) 영적인 은사들에 대한 기본적인 본문은 에베소서 4장, 로마서 12장, 고린도전서 12장, 베드로전서 4장 등이다.

21) Davida Foy Crabtree. *The Empowering Church.* New York: Alban Institute, 1989, p.6. 이 책 전체에서 우리는 일터 사역에 대한 많은 제안을 얻을 수 있다.

22) 새로운 구조에 대한 정보를 좀 더 자세히 얻으려면 나의 다음 책을 보라. *How to Reach Baby Boomers.* Nashville: Abingdon Press, 1991, pp.58-63.

23) William H. Willimon and Robert L. Wilson. *Rekindling the Flame.* Nashville: Abingdon Press, 1987, p.47.

24) Galloway. *20/20 Vision.*

25) Neighbor. *Where Do We from Here?* p.75.

26) *Fortune Magazine.* April 22, 1991, p.80.

27) 미국 연합감리교회의 몇몇 연회들에서 안수 받지 않은 목회자들이 소형 교회에 미치는 효과를 연구해 왔는데, 북 인디애나 연회 역시 이 가운데 하나다. 이 연회들의 연구 결과는 놀랄 만한 차이를 보여준다.

　　서남부 텍사스 연회에서는 1991년부터 1992년 사이에 소형 교회에서 매우 우수하게 성직을 수행하는 안수 받지 않은 목회자들에 대한 사례들이 제시되었다. 문제는 교단의 지도자들이 교회를 이끌 능력을 선보인 안수 받지 않은 이 목회자들을 자격을 갖추도록 신학교에 보낸다는 점이다. 이들이 신학교에서 배우는 것은 교단을 죽이는 것들뿐이다. 그러므로 교리가 아니라 기능을 배우도록 이들을 보다 큰 교회의 보직자로 일하게 하는 것이 훨씬 좋을 것이다.

28) 이것은 1992년 8월 미국 연합감리교회의 서남부 텍사스 연회의 워크숍을 함께 함으로써 나온 것이다.

제6장. 예배 개혁

1) Elmer Towns. *Ten of Today's Most Innovative Churches.* Ventura, Calif.: Regal, 1990, p.60.

2) 현대예배의 한 예를 보려면 콜로니얼힐스연합감리교회의 음악 비디오인 "현대예배의 시연"(Demonstration of Contemporary Worship)을 보라. 이 교회는 예배에 대한 기록과 두 개의 예배 형식을 갖고 있다. 비용은 $39.95이다. 주소: Perkins School of Theology, Southern Methodist University, Dalla, Texas, 75725. 전화: 1-214-692-2251.

3) 다음 자료는 21세기 예배를 발전시킬 수 있는 탁월한 안내자 역할을 한다. ① *Worship Leader* 주소: Box 40985, Nashville, Tenn., 37204 ② *House of Worship* 전화: 1-800-245-7664, 1년 구독에 $29.95 ③ *Banners* 전화: 1-615-791-0800 ④ *Bring a Friend Sunday* Net Press, 주소: 5001 Avenue N., Lubbock, Texas 79412, 전화: 1-800-638-3463 ⑤ *Growth Plus Worship Attendance Crusade Guide, Discipleship Resources,* 주소: Box 189, Nashville, Tenn. 37202, 전화: 1-615-340-7285.

4) 동양의 종교와 뉴 에이지 운동이 많은 기독교인들의 관심을 끄는 원인 중에는 기독교 예배의 신비감 상실도 있다. 모든 것이 너무 합리적이다. 그러나 신앙은 결코 합리적인 것이 아니다.

5) 이 정화세대는 종종 베이비 부스터(baby buster, 출생률급감세대)라고 불리지만, 실상은 그렇지 않다. 이 세대는 숫자상으로 베이비부머(baby boomer, 출생률급증세대)보다 많아서 1990년대 후반부에는 베이비붐 세대보다 더 많은 선거 유효표를 획득할 것이다. 보다 많은 정보를 얻으려면 다음 글을 보라.

　Neil Howe & William Strauss. "The New Generation Gap," *Atlantic Monthly.* December 1992, pp.67-89.

6) Herb Miller. "Sing the Wondrous Story," *Net Results.* November, 1991, p.3.

7) Doub Murren. *The Baby Boomerang: Catching Baby Boomers as They Return to Church.* Ventura, Calif.: Regal, 1990, p.189.

8) John Bisagno. *How to Build an Evangelistic Church.* Nashville: Broadman Press, 1971, p.71.

9) Write Christian Copyright Licensing, Inc. 주소: 6130 N. E. 78th Ct. Suite C-11, Portland, Ore. 97218. 전화: 1-800-234-2446. 슬라이드 제작을 원하는 교회들은 검은 바탕에 흰 글씨로 만들어야 한다. 그렇지 않으면 낮에는 글씨를 보기 어렵다.

10) 예배에 사용되는 민속 음악의 사례를 알아보려면 다음 같은 음반사에 연락하라. Hosanna Music(1-800-877-4443); Maranatha Music(1-800-444-4012, 1-800-245-7664 3); Saddleback Praise(1-800-458-BSSB); Brentwood Music(슬라이드도 제작, 1-800-333 -9000); Bethel Chapel, Box 51, Brentwood, Tenn. 37024.

11) James Emery White. "Singing a New Song," *Growing Churches.* Oct., Dec., quarter, 1992, p.44. (주소: Sunday School Board of the Southern Baptist Convention, 127 Ninth Avenue, Nashville, Tenn.)

12) C. Kirk Hadaway. *Church Growth Principles: Separating Fact from Fiction.* Nashville: Broadman Press, 1991, p.67.

13) Gustave Niebuhr. "So It Isn't Rock of Ages, It Is Rock, And Many Love It," *The Wall Street Journal.* December 1991, p.A.

14) *National & International Religion Report.* June 1, 1992, Vol. 6, No. 12.

15) 드라마는 풀러 연구소에서 주문 가능함. 주소: P.O. Box 919901, Pasadena,

Calif. 91109 전화: 1-800-999-9578.

16) 더 많은 정보를 원하면 다음 책을 보라.

Bert Decker. *You've God to Be Believed to Be Heard.* New York: St. Martin's Press, 1992.

17) 주류 개신교 교회에게 위성 사역은 새로운 것이 아니다. 방학 성경학교의 가장 초창기 형태가 위성 사역의 표현이었다. 방학 성경학교는 사람들이 교회에 오기를 기다리지 않고, 그들에게 다가갔다. 시간이 지나면서 성경학교는 제도화되고, 교회 건물 안에서 이루어지기 시작했으며, 주로 교인들을 위해 실시되었다.

18) Harry D. Williams. "Churches Must Offer Newer Options," *California Southern Baptist.* May 17, 1990, p.6.

다중지역 사역에 대한 세속적, 성서적, 사회학적, 문화적, 그리고 기호논리학적인 철저한 검증을 위해서는 엘머 타운(Elmer Town)의 책을 보라. *Ten of Today's Most Innovative Churches.* Ventura, Calif.: Regal Books, 1991.

19) 이 사역을 위해 교회가 이사하지 않는다. 왜냐하면 21세기에서는 교회의 이전이 크고 강한 교회로의 발전을 담보하지 못하기 때문이다. 새 장소에는 세대적 장애물이 너무 많이 존재한다.

20) 코너스톤교회(Conerstone Church)의 제럴드 마틴(Gerald Martin)과의 인터뷰. 주소: 265 W. Springbook Road Broadway, Harrisonburg, Virginia. 이 교회는 셀 모델을 기반으로 한다. 코너스톤교회가 평신도 사역을 발전시키기 위해 사용하는 안내서는 랄프 네이버가 쓴 「셀 리더 가이드북」(*Shepherd's Guide Book*)이다. 이 책은 Touch Outreach Ministries를 통해서 구입할 수 있다. 주소: Box 19888, Houston, Tex. 77224.

21) 페리미터교회는 미국에 있는 장로교회 소속이다. 이 교단은 1973년 249교회, 40,000명의 신도로 출발했으나 오늘날에는 1,200개의 교회에 217,000명의 신도가 있다. 보수적인 교단으로 교회 성장운동에 헌신한다. 교단의 목표는 20세기 말까지 875개의 새로운 교회를 세우는 것이다.

22) Lyle Schaller. *44 Questions for Church Planters.* Nashville: Abingdon Press, 1991.

23) Lyle Schaller. *The Seven-Day-A-Week Church.* p.35.

제7장. 주일날 교회에서 무슨 일이 일어나는가?

1) 다음 책을 보라.

Jerry Jones ed.. *Single Adult Ministries*. Colorado Springs: Nav-press, 1991.

Harry Odum. *The Vital Singles Ministry*. Nashville: Abingdon Press, 1992.

2) 북미에서 가장 큰 독신자 사역은 텍사스 주 휴스턴에 있는 세컨드침례교회의 사역이다. 이 교회에는 매 주일 1,400명 이상의 독신자들이 22개 수업에 참여한다. 플로리다 주 잭슨빌에 위치한 퍼스트침례교회(First Baptist Church)의 경우 850명 이상의 독신자들이 매주 수업에 참여한다. 이 교회는 홀로 아이를 키우는 사람을 위한 12개월의 프로그램을 운영한다.

3) 1991년 8월에 예배 참석인원이 1,000명 이상 되는 교회의 목사들을 위한 지도력 네트워크 세미나에서 이루어진 인터뷰다.

4) "Churches That Care: Status Report #2 on Church-Housed Child Care," by Roger Neugebauer. *Exchange*. Sept./Oct. 1991, pp.41-45.

5) 주중 어린이 돌봄 사역을 시작하는 방법에 대해서는 콜로니얼힐스연합감리교회에 문의하라. 주소: 5247 Vance Jackson, San Antonio, Tex. 78230.

6) 제임스 커블(James Cobble)은 「교회법과 세금보고」(*Church Law and Tax Report*)의 발행인이다.

James Cobble. *National & International Religion Report*, September 7, 1992, p.8 에서 인용.

7) 윌로우크릭공동체교회가 '약속의 땅' 을, 켄싱턴공동체교회가 '보물섬' 을 사용한다.

8) *God Help Me Stop: Break Free from Addiction and Compulsion*. Glen Ellyn, Ill.: New Life Ministries, Box 343, Glen Ellyn, Ill. 60138.

9) 더 많은 정보를 얻으려면 다음 책을 보라.

Nelle Morton. *The Journey Is Home*. Boston: Beacon Press, 1985.

Rosemary Ruether. *Sexism and God-Talk: Toward a Feminist Theology*. Boston: Beacon Press, 1983.

10) Richard Ostling. "Strains on the Heart," *Time*. November 19, 1990, p.88.

11) 텍사스 주 달라스에 위치한 러버스레인연합감리교회(Lovers Lane United Methodist Church). 토마스 쉽(Thomas Shipp) 목사가 시무했었다.

12) 더 많은 정보를 위해 나의 책을 보라. *How to Reach Baby Boomers*. Nashville: Abingdon Press, 1991.

제8장. 패러다임 공동체 교회의 세 가지 본질적인 요소

1) 미국인들은 점점 더 보수화되어가고 있다. 그러므로 우리는 보수주의자가 아닐 지라도, 보수주의자들을 이해하고 그들과 대화할 수 있어야 한다.

2) 교회정보개발서비스(Church Information Development Services)에서는 종교단체가 사용하기 가장 좋은 형태의 철저한 인구통계 자료를 제공한다. 이 교회정보개발 서비스는 인구 데이터에 포함된 인구통계 외에도 지형과 주민의 기질에 대한 자 료까지 제공한다. 이 정보에 대한 가장 철저한 분석은 스탠리 멘킹(Stanley Menking) 박사에 의해 이루어졌다. 그는 CIDS 자료들을 취하여 VALS 연구 및 텍스 샘플(Tex Sample)의 책에 있는 자료와 결합했다. 텍스 샘플의 책: *U.S. Lifestyle and Mainline Churches* (Louisville: Westminster/John Knox Press, 1990). 더 많은 것들을 알고 싶으면 남부 감리교 대학교(Southern Methodist University) 퍼킨스 신학대학 (Perkins School of Theology)의 스탠리 멘킹에게 연락할 것. 주소: Dalla, Texas 75275. 전화: 1-214-768-2251.

3) 이 주제에 관해 내가 지금까지 본 최고의 자료는 미시간 주 켄싱턴에 있는 켄싱턴 공동체교회에서 나온 것이다.

4) 연합감리교회가 계속해서 진행하는 세례에 대한 최근의 연구는 교단이 잘못된 길로 가고 있다는 사실을 보여주는 사례가 된다. 교단은 유아세례를 약화시키거 나 제거하지 않고, 오히려 유아세례자를 교회의 구성원으로 간주하는 규정을 만 들려는 시도를 한다. 이는 대중세례라는 콘스탄틴적 시행으로 교묘하게 복귀하 는 셈이다. 이들의 시도는 연합감리교회가 제2차 세계대전 이후 출생한 세대 안 에서 개인적 체험의 중요성을 제대로 이해하지 못하고 있음을 의미한다.

5) Celia Allison Hahn, foreword for Daniel V. Biles. *Pursuing Excellence in Ministry*. New York: Alban Institute, 1988.

춤추는 목회

적대적이고 해를 입히는 세상에서의 목회

초판 1쇄   2009년 11월 18일

윌리엄 이섬 지음
안승철 옮김

발 행 인 | 신경하
편 집 인 | 김광덕

펴 낸 곳 | 도서출판 kmc
등록번호 | 제2-1607호
등록일자 | 1993년 9월 4일

(100-101) 서울특별시 중구 태평로1가 64-8 감리회관 16층
(재)기독교대한감리회 출판국

대표전화 | 02-399-2008, 02-399-4365(팩스)
홈페이지 | http://www.kmcmall.co.kr
　　　　　 http://www.kmc.or.kr

디자인 · 인쇄 | 리더스 커뮤니케이션 02)2123-9996/7

값 8,000원
ISBN 978-89-8430-442-0 03230